Proteção de Dados, *Compliance* e *Insider Trading*

Proteção de Dados, *Compliance* e *Insider Trading*

2021

Coordenação:
Fernando Rister de Sousa Lima
Gianpaolo Poggio Smanio

ALMEDINA

PROTEÇÃO DE DADOS, COMPLIANCE E INSIDER TRADING

COORDENADORES: Fernando Rister de Sousa Lima e Gianpaolo Poggio Smanio

DIRETOR ALMEDINA BRASIL: Rodrigo Mentz
EDITORA JURÍDICA: Manuella Santos de Castro
EDITOR DE DESENVOLVIMENTO: Aurélio Cesar Nogueira
ASSISTENTES EDITORIAIS: Isabela Leite e Larissa Nogueira

DIAGRAMAÇÃO: Almedina
DESIGN DE CAPA: FBA

ISBN: 9786556272115
Abril, 2021

Dados Internacionais de Catalogação na Publicação (CIP)
(Câmara Brasileira do Livro, SP, Brasil)

Proteção de dados, compliance e insider trading /
coordenação Fernando Rister de Sousa Lima, Gianpaolo Poggio Smanio. –
1. ed. -- São Paulo : Almedina, 2021..

Vários autores
Bibliografia
ISBN 9786556272115

Índice:
1. Anticorrupção 2. Compliance 3. Direito à privacidade 4. Governança corporativa
5. Investigações 6. Proteção de dados - Direito - Brasil 7. Proteção de dados –
Leis e legislação 8. Terceiro setor I. Lima, Fernando Rister de Sousa. II. Smanio, Gianpaolo Poggio..

21-58508 CDU-342.721(094.56)

Índices para catálogo sistemático:

1. Proteção de dados pessoais e da privacidade : Leis : Comentários : Direito 342.721(094.56)

Maria Alice Ferreira - Bibliotecária - CRB-8/7964

Este livro segue as regras do novo Acordo Ortográfico da Língua Portuguesa (1990).

EDITORA: Almedina Brasil
Rua José Maria Lisboa, 860, Conj.131 e 132, Jardim Paulista | 01423-001 São Paulo | Brasil
editora@almedina.com.br
www.almedina.com.br

SOBRE OS COORDENADORES

Fernando Rister de Sousa Lima

Pós-Doutorado pela Faculdade de Direito da USP com período de pesquisa na *Goethe Universität Frankfurt am Main* e na *Università degli Studi di Firenze*, com auxílio financeiro da Universidade Presbiteriana Mackenzie - UPM. Doutor em Direito pela PUC-SP com estágio doutoral sanduíche na *Università degli Studi di Macerata*, com bolsa da CAPES. Mestre em Direito pela PUC-SP com período como pesquisador visitante na *Università degli Studi di Lecce*, com auxílio financeiro do Centro de Estudos sobre o Risco da Universidade de Estudos de Lecce. Professor Doutor da Faculdade de Direito da Universidade Presbiteriana Mackenzie - UPM onde leciona na graduação em Direito (Higienópolis) e na Pós-graduação em Direito Político e Econômico. Editor-executivo da Revista Direito Mackenzie. Professor da Escola de Direito das Faculdades Metropolitanas Unidas - FMU. Membro do Colégio Docente do Doutorado em Direito da *Università degli Studi di Firenze* - UNIFIL.

Gianpaolo Poggio Smanio

Doutor e Mestre em Direito pela PUC-SP. Bacharel em Direito pela Universidade de São Paulo - USP. Procurador-Geral de Justiça do Estado de São Paulo (2016-2020). Procurador de Justiça do Ministério Público de São Paulo. Diretor e Professor Titular da Faculdade de Direito da Universidade Presbiteriana Mackenzie - UPM. Coordenador do Programa de Pós-graduação em Direito Político e Econômico da Universidade Presbiteriana Mackenzie - UPM

(2013-2020). Professor colaborador na Escola Superior do Ministério Público do Estado de São Paulo. Coordenador Adjunto da Comissão Solidariedade e Integração Regional e Membro da Comissão APCN da Área do Direito da CAPES.

SOBRE OS AUTORES

Amanda Nunes Ronha

Mestranda em Direito pelo Programa de Mestrado em Direito da Sociedade da Informação da FMU-SP. Pesquisadora do Grupo de Pesquisa Ética e Fundamentos Jurídico Políticos da Sociedade da Informação. *Legal Legis Master* (LLM) em Direito Empresarial pelo IBMEC, com extensão e módulo internacional na Universidade de Loyola – Chicago/USA. Conciliadora e Mediadora formada pelo Instituto dos Advogados do Estado de São Paulo – IASP, certificada e cadastrada junto ao CNJ – Conselho Nacional de Justiça. Pós-Graduação em Direito Público, membro da Comissão de Direito Digital da Ordem dos Advogados-Subseção São Paulo/SP e Advogada.

Elysabete Acioli Monteiro Diogo

Mestranda em Direito na Sociedade da Informação pela Faculdades Metropolitanas Unidas (FMUSP). Pós-graduada (lato sensu) em História, Sociedade, Cultura (Cogeae – PUCSP). Pós-graduada (lato sensu) em Administração de Serviços (USP-Poli-Vanzolini). Vice-Presidente do ICEPEX – Instituto de Certificação para Excelência na Conformidade – Organismo de Certificação Acreditado pelo INMETRO – Autarquia Federal vinculada ao Ministério da Economia – Governo Federal. Auditora Líder (ISO9001 e demais normas ISO – SGS/IRCA – Inglaterra). Pesquisadora do Grupo de Pesquisa Efetivação Jurídica Estatal (FMUSP) (http://dgp.cnpq.br/dgp/espelhogrupo/2190779147769731) e Grupo de Pesquisa Cidadania e Controle

Social no Estado Democrático de Direito (FMUSP) (http://dgp.cnpq.br/dgp/espelhogrupo/3936937123215318). Membro da Comissão de Direito de Família, Sucessões e Adoção e da Comissão da Mulher Advogada – OAB (Ordem dos Advogados do Brasil) – Santo Amaro/SP. Membro da Comissão Especial de Estudos de *Compliance* da OAB – São Paulo/SP. Advogada. Historiadora.

Hector Luchesi

Bacharel em Direito pela Faculdade de Direito da Universidade Presbiteriana Mackenzie. Realizou Curso de *Compliance*, Proteção de Dados e Investigações Internas na LEC – *Law*, Ethics & *Compliance*. Diretor da ONG Instituto Cultural Grão de Areia. Profissional de *Compliance* desde 2017, ex-membro do time de *Compliance* da B3.

Nariman Ferdinian Gonzales

Mestranda em Direito Político e Econômico pela Universidade Presbiteriana Mackenzie. Bacharel em Direito pela Universidade Presbiteriana Mackenzie. Realizou Curso Proteção de Dados e Privacidade pela *Data Privacy* Brasil, Curso de *Compliance* pela PUC-SP e Curso de Investigações Internas pela *LEC – Legal, Ethics* & *Compliance*. Professora Orientadora do Curso de *Compliance* da PUC-SP. Advogada nas áreas de *Compliance* e Proteção de Dados.

Rafael Clini Diana

Especialista em Mercado de Capitais e Finanças Corporativas pela FGV – Fundação Getúlio Vargas (2019). Advogado graduado pelas FMU – Faculdades Metropolitanas Unidas, com atuação em Direito de Mercado de Capitais, análise e elaboração de documentos de ofertas públicas (Oferta ICVM 400, ICVM 476), atuação em Contencioso e Arbitragem, assim como participação em Direito Societário estruturado como, por exemplo, operações complexas de M&A, ampla elaboração de rotinas forenses, elaboração de pareceres jurídicos.

SUMÁRIO

Compliance e Investigações Internas: Considerações Práticas e Limites à Luz da Privacidade e da Proteção de Dados

Nariman Ferdinian Gonzales

Introdução

O *Compliance* surge como instituto de auxílio no combate à corrupção. De forma autorregulada – pela própria debilidade do Estado –, o mercado passa a ditar as melhores práticas a serem adotadas no âmbito empresarial, de modo a prevenir e erradicar a corrupção e atos correlatos. Com o advento da Lei Anticorrupção Brasileira (2013) e de seu Decreto nº 8420 (2015), o *Compliance*, nomeado como Programa de Integridade, ganha destaque pátrio. Observa-se, então, a adoção de institutos e mecanismos com pouca ou nenhuma previsão no ordenamento jurídico brasileiro, a exemplo das investigações internas.

As investigações internas têm por objetivo apurar, dentro do próprio ambiente corporativo, a incidência de ilícitos, irregularidades e más condutas. Pela escassez de legislação acerca do tema, as investigações têm sido conduzidas à praxe dos próprios investigadores. No entanto, é incontestável que, durante a execução deste mecanismo, os investigadores recepcionam, utilizam e manipulam informações de forma invasiva, com acesso a dados pessoais e sensíveis de investigados.

Diante do aludido cenário, é objetivo do presente estudo compreender as limitações às investigações internas em relação a dois principais balizadores, quais sejam: em relação à privacidade como direito fundamental e em relação à proteção de dados do investigado. O presente trabalho buscou encontrar o limiar entre o legítimo exercício das investigações enquanto mecanismo e os direitos fundamentais do homem.

Para tanto, inicialmente analisar-se-á importantes aspectos sobre o Compliance, inclusive sob perspectiva histórica, demonstrando onde a problemática se posiciona no ordenamento jurídico brasileiro. Em seguida, tratar-se-á das investigações internas sob a ótica de um dos mecanismos derivados do combate à corrupção. Por fim, dedicar-se-á a compreender as limitações, a partir do direito à privacidade e da proteção de dados.

Cumpre ressaltar que a presente pesquisa se concentrou e se debruçou sobre as investigações internas em âmbito estritamente corporativo, sem eventual cooperação com as autoridades. Ademais, se limitou às investigações cujo objetivo seja de apuração de condutas unicamente dos próprios empregados, não envolvendo investigações a terceiros.

1. *Compliance*

O *Compliance* ("Compliance"), pragmaticamente, é uma ferramenta de aplicação do combate à corrupção. No Brasil, ele foi recepcionado por meio do Programa de Integridade, instituto a ser estudado adiante. Para compreendê-los, faz-se necessário dar um passo atrás, a fim de perceber a necessidade histórica que culminou em sua institucionalização.

1.1 Motivações e adoção de legislação de combate à corrupção

O conceito de corrupção gera divergências legislativas, doutrinárias e jurisprudenciais. Consequentemente, torna-se árduo o processo de compreender suas determinantes, bem como suas implicações, ainda que seus efeitos sejam manifestamente percebidos[1]. De acordo com a OCDE[2] (Organização para a Cooperação e Desenvolvimento Econômico):

[1] COELHO, Nuno M. M. S.; HERINGER, Helimara Moreira Lamounier. Foreign Corrupt Practices Act: Uma Breve Análise Da Lei Que Deu Origem Ao Combate Internacional

> A corrupção é o abuso de cargo público ou privado para ganhos pessoais. Isso inclui atos de suborno, peculato, nepotismo ou captura de estado. É frequentemente associado e reforçado por outras práticas ilegais, como falsificação de propostas, fraude ou lavagem de dinheiro. (tradução livre)

Apesar do conceito complexo, a corrupção esteve presente em toda a história, quase que de forma natural. Ao contrário do que se reconhece sob a ótica da opinião pública e a lógica do senso comum, a corrupção não é um fenômeno moderno, contemporâneo ou associado a determinada cultura. É um fenômeno social e histórico, recorrentemente manifesto em toda a evolução da raça humana. Deste modo, cumpre citar a noção de Carla Priscilla Barbosa Santos Cordeiro, que enuncia que a "corrupção é um fenômeno social muito antigo e, como tal, acompanha a evolução da humanidade desde os primeiros agrupamentos sociais"[3].

Com o fenômeno da globalização e internacionalização no fim do século XX, o próprio Direito Penal e a corrupção passam a ser palco de novas preocupações. Volta-se, neste momento, à figura do suborno transnacional, envolvendo o "suborno de funcionários públicos estrangeiros em transações comerciais"[4]. Surge, assim, um novo panorama de relações comerciais ao redor do globo, com efeitos jurídicos em um ou mais territórios e moldando novas fontes e institutos do Direito, como a cooperação jurídica internacional.

Neste cenário, verificou-se a heterogeneidade em relação à origem do corruptor e do corrompido, sujeitos a jurisdições distintas e, muitas vezes,

Da Corrupção. Revista Jurídica, Curitiba, v. 01, n. 46, p.164-187, 2017. Disponível em: <http://revista.unicuritiba.edu.br/index.php/RevJur/article/view/2004>. Acesso em: 20 jun. 2020.

[2] *Corruption is the abuse of public or private office for personal gain. It includes acts of bribery, embezzlement, nepotism or state capture. It is often associated with and reinforced by other illegal practices, such as bid rigging, fraud or money laundering.* (OECD – Organization for Economic Co-operation and Development. **CleanGovBiz: Integrity** in. Practice. Paris, 2014. Disponível em: <https://www.oecd.org/cleangovbiz/49693613.pdf>. Acesso em: 04 set. 2020.)

[3] CORDEIRO, Carla Priscilla Barbosa Santos. A Corrupção sob um Prisma Histórico-Sociológico: Análise de suas Principais Causas e Efeitos. Revista Eletrônica **Direito e Conhecimento**, Arapiraca/al, v. 1, n. 2, p.67-93, jul. 2017. Disponível em: <http://revistas.cesmac.edu.br/index.php/dec/article/view/670>. Acesso em: 30 jun. 2020.

[4] BIJOS, Leila; NÓBREGA, Antonio Carlos Vasconcellos. **Suborno transnacional: A nova realidade normativa brasileira.** Revista de Informação Legislativa (RIL), Brasília, v. 207, n. 52, p.239-259, jul. 2015. Disponível em: <http://www2.senado.gov.br/bdsf/handle/id/515196>. Acesso em: 20 jun. 2020.

controversas. Logo, o tema deixa de ser uma preocupação apenas dos países, até então, com baixa institucionalização política, e passa a tomar o cenário político e legislativo também de grandes e desenvolvidas nações.

Historicamente, o primeiro país a voltar as atenções ao tema foram os Estados Unidos após o caso *Watergate*, que culminou em relatório emitido pela *U.S. Securities and Exchange Commission* – SEC. Preocupado com a defesa do livre mercado, princípio defendido por aquela nação, o Congresso americano aprovou em 1977, o *Foreign Corrupt Practices Act* (Lei de Práticas Corruptas no Exterior – "FCPA"), principal instrumento jurídico norte-americano de combate à corrupção transnacional, e globalmente reconhecido. À época, o principal objetivo da norma era o de reduzir os casos de propina e recuperar a confiança mundial.

Ao mesmo tempo, países desenvolvidos e comercialmente concorrentes – não raro, europeus – possuíam legislação mais branda sobre o tema ou, muitas vezes, não possuíam. Este panorama implicou em desvantagem comercial para os Estados Unidos, que passou a instigar a adoção de legislação similar pelos países que apresentavam risco ao equilíbrio econômico norte-americano. Diante desta conjuntura, foi realizada uma reforma no FCPA, em 1988, que incentivava expressamente[5], em conjunto com uma política internacional mais agressiva, os demais países membros da OCDE a adotarem os princípios e medidas resultadas desta lei.

Neste ínterim, observa-se mundialmente a edição de leis e convenções que caminhavam para a criminalização do suborno transnacional e de atos correlatos: a Resolução da OCDE, de 1996; a Convenção Interamericana contra a Corrupção, de 1996 na Venezuela; a Convenção sobre o Combate da Corrupção de Funcionários Públicos Estrangeiros em Transações Comerciais Internacionais, de 1997 na França; Convenção das Nações Unidas contra a Corrupção, de 2003 no México; e a *UK Bribery Act*, de 2010 no Reino Unido.

[5] "The 1988 Amendments establish an executive charge to foster global adherence to the principles and policies of the FCPA. They request the President to seek the cooperation of OECD members in adopting FCPA standards and to report to Congress on progress in this effort" (SALBU, S. R. Bribery in the Global Market: a Critical Analysis of the Foreign Corrupt Practices Act. **Washington and Lee Law Review**, v. 54, n. 1, article 6, p. 229-289, 1997. Disponível em: <http://scholarlycommons.law.wlu.edu/cgi/viewcontent.cgi?article=1611&context=wlulr>. Acesso em: 29 ago. 2020.)

Diante de um panorama internacional de compromissos de prevenção e combate ao suborno transnacional e condutas antiéticas, e, em resposta às manifestações populares[6] contra os casos de corrupção espalhados pelo território nacional, foi aprovada em 2013 a Lei Anticorrupção brasileira, nº 12.846, regulamentada posteriormente pelo Decreto nº 8.420/2015, os quais serão tratados a seguir.

1.2 A lei anticorrupção brasileira e seu decreto

A Lei Anticorrupção Brasileira ("LAC") tramitou por três anos até sua aprovação e possui, em sua redação, forte influência do FCPA e da UKBA, mencionados anteriormente. Após anos de dilação, em *resposta dos parlamentares aos clamores da nação pelo maior combate aos casos de corrupção* (SIMÃO, Valdir Moysés; VIANNA, Marcelo Pontes, 2017, p. 28), o projeto de lei foi aprovado em julho de 2013 e publicado em agosto daquele ano. A LAC entrou em vigor em janeiro de 2014. No entanto, apenas em março de 2015 adveio o Decreto nº 8.420/2015.

Da leitura do artigo 1º da LAC, depreende-se que a responsabilidade alcança tão somente as pessoas jurídicas, sendo o rol do parágrafo único meramente exemplificativo[7]. Além disso, a responsabilização se sucede de forma objetiva, isto é, basta que restem comprovados o fato, o resultado e o nexo causal entre eles. Buscou-se, aqui, ao afastar a responsabilidade subjetiva,

[6] A aprovação corrobora com a agenda adotada pelo Poder Legislativo para atender às demandas das últimas manifestações, entre elas o combate à corrupção. (JUNGMANN, Mariana. Senado aprova Lei Anticorrupção para punir empresas que cometem crimes contra a administração pública. **Empresa Brasil de Comunicação**. Brasília, 2013. Disponível em: <http://memoria.ebc.com.br/agenciabrasil/noticia/2013-07-04/senado-aprova-lei-anticorrupcao-para-punir-empresas-que-cometem-crimes-contra-administracao-publica>. Acesso em: 30 ago. 2020.)

[7] "[...] a relação constante do parágrafo único do art. 1º da LAC deve ser entendida como exemplificativa, devendo-se entender que a norma se aplica a todas as formas de pessoas jurídicas previstas no Código Civil, inclusive as não citadas pela Lei 12.846/2013". (SIMÃO, Valdir Moysés; VIANNA, Marcelo Pontes. O Acordo de Leniência na Lei Anticorrupção: histórico, desafios e perspectivas. São Paulo: Trevisan, 2017, p. 29, *apud* SANTOS, José Anacleto Abduch et. al. **Comentários à Lei 12.846: Lei anticorrupção**. 2. ed. rev., atual. e ampl. São Paulo: Revista dos Tribunais, 2015. p. 29.)

evitar a dificuldade probatória de elementos subjetivos. Até porque, conforme elucida Fábio Medina Osório (2000):

> A pessoa jurídica, dotada de personalidade criada pelo direito, não possui, naturalmente, vontade ou consciência, circunstância que lhe afasta do alcance da culpabilidade, pessoalidade da pena, exigências de dolo ou culpa, e mesmo individualização da sanção. [...] as pessoas jurídicas, por seu caráter fictício, atuam sob o domínio dos homens, em geral de uma pluralidade de vontades, sendo que, em si mesmas, não estão dotadas desses atributos humanos.[8]

Além disto, o artigo 2º prevê que tais pessoas jurídicas serão responsabilizadas, objetivamente, por atos praticados em seu interesse ou benefício, seja este exclusivo ou não. Logo, estão abarcados, aqui, os terceiros – fornecedores, prestadores de serviço, parceiros comerciais, dentre outros – que ajam no interesse ou em benefício da pessoa jurídica em questão.

Ainda no referido artigo, constata-se que a responsabilização das pessoas jurídicas se dá tão somente nas esferas civil e administrativa. Vale recordar que a responsabilização penal da pessoa jurídica fica prejudicada no sistema jurídico-penal brasileiro, pelos próprios mecanismos e princípios deste, a exemplo do princípio da *ultima ratio*[9]. No entanto, a lei não exclui a responsabilidade das pessoas físicas figuradas nas posições de dirigentes e administradores, à medida de sua culpabilidade.

Em seu artigo 5º, a LAC delimita o conceito de atos lesivos contra a Administração Pública[10], tanto nacional como estrangeira. Ademais, enumera,

[8] SIMÃO, 2000. 426 p.

[9] "A razão pela qual o Direito Penal apenas deve ser empregado quando fracassam todos os outros meios político-sociais de coibição de um comportamento social criminoso reside no fato de que a punição pode prejudicar a existência social do condenado e arrastá-lo para a margem da sociedade, tendo até mesmo um efeito socialmente nocivo. Por isso, deve-se preferir, no lugar da punição, todas as medidas que possam evitar uma perturbação social, mas que tragam para o condenado consequências menos incisivas. Costuma-se expressar essa ideia dizendo que o Direito Penal seria a *ultima ratio* (o último recurso) da política social". (ROXIN, Claus. **Introdução ao Direito Penal e ao Direito Processual Penal**. 3. ed. Belo Horizonte: Editora Del Rey, 2007. p. 8.).

[10] Art. 5º Constituem atos lesivos à administração pública, nacional ou estrangeira, para os fins desta Lei, todos aqueles praticados pelas pessoas jurídicas mencionadas no parágrafo único do art. 1º, que atentem contra o patrimônio público nacional ou estrangeiro, contra

em rol exaustivo, exemplos de atos lesivos. O referido artigo tipifica os atos que atentem tanto contra o patrimônio, quanto a princípios ou compromissos internacionais assumidos pelo Brasil. Em síntese, verificadas as evidências de ato lesivo e de nexo causal, pela natureza objetiva da responsabilidade predita nesta lei, estão presentes os requisitos que ensejam abertura de processo administrativo e propositura de ação civil, independentes entre si, quanto à tramitação ou às sanções.

Mais adiante, a LAC prevê em seu artigo 6º as sanções às pessoas jurídicas em caso de incidência de atos lesivos na esfera administrativa. As sanções têm caráter pecuniário, conforme dita o inciso I do artigo 6º que prevê a multa – que não exclui a reparação integral do dano –, e restritiva do patrimônio moral, expressa pela hipótese de publicação extraordinária da decisão condenatória, prevista no inciso II do mesmo artigo.

Nada obstante o caráter objetivo da responsabilidade, existem aspectos a serem observados no momento da aplicação das sanções administrativas, elencados em rol taxativo nos incisos do artigo 7º:

> Art. 7º Serão levados em consideração na aplicação das sanções:
> [...]
> VIII – a existência de mecanismos e procedimentos internos de integridade, auditoria e incentivo à denúncia de irregularidades e a aplicação efetiva de códigos de ética e de conduta no âmbito da pessoa jurídica;
> [...]
> Parágrafo único. Os parâmetros de avaliação de mecanismos e procedimentos previstos no inciso VIII do caput serão estabelecidos em regulamento do Poder Executivo federal.[11]

Dentre os aspectos listados, cabe, para fins do presente artigo, destacar o inciso VIII, que prevê a existência de programa de integridade pela pessoa jurídica que tenha cometido o ato lesivo. Conforme comando do parágrafo

princípios da administração pública ou contra os compromissos internacionais assumidos pelo Brasil, assim definidos: [...] § 1º Considera-se administração pública estrangeira os órgãos e entidades estatais ou representações diplomáticas de país estrangeiro, de qualquer nível ou esfera de governo, bem como as pessoas jurídicas controladas, direta ou indiretamente, pelo poder público de país estrangeiro. (BRASIL, 2013.)

[11] BRASIL, 2013.

único, os parâmetros de avaliação do programa de integridade devem ser estabelecidos em regulamento, que adveio por força do Decreto nº 8.420, em março de 2015.

O Decreto nº 8.420/2015 prevê, dentre outros mecanismos e institutos, o Processo Administrativo de Responsabilização ("PAR"), a ser instaurado por autoridade competente[12], após a devida investigação preliminar realizada por comissão em que sejam integrados dois ou mais servidores efetivos[13].

A mando do que dispõe o artigo 5º do referido decreto, no momento de instauração do PAR, designada a comissão, esta avaliará fatos e circunstâncias conhecidos para que, em trinta dias, a pessoa jurídica apresente defesa escrita acompanhada das provas que pretende produzir, dentre elas, a existência e funcionamento de programa de integridade:

> Art. 5º No ato de instauração do PAR, a autoridade designará comissão, composta por dois ou mais servidores estáveis, que avaliará fatos e circunstâncias conhecidos e intimará a pessoa jurídica para, no prazo de trinta dias, apresentar defesa escrita e especificar eventuais provas que pretende produzir.
> [...]
> § 4º Caso a pessoa jurídica apresente em sua defesa informações e documentos referentes à **existência e ao funcionamento de programa de integridade**, a comissão processante deverá **examiná-lo segundo os parâmetros indicados no Capítulo IV**, para a **dosimetria das sanções** a serem aplicadas. (grifo nosso) [14]

É necessário, a partir deste momento, elucidar alguns dos institutos de compliance e do programa de integridade, a serem concisamente apresentados a seguir.

[12] Art. 3º A competência para a instauração e para o julgamento do PAR é da autoridade máxima da entidade em face da qual foi praticado o ato lesivo, ou, em caso de órgão da administração direta, do seu Ministro de Estado. (BRASIL, 2015B).

[13] Art. 4º A autoridade competente para instauração do PAR, ao tomar ciência da possível ocorrência de ato lesivo à administração pública federal, em sede de juízo de admissibilidade e mediante despacho fundamentado, decidirá: I – pela abertura de investigação preliminar [...] § 2º A investigação preliminar será conduzida por comissão composta por dois ou mais servidores efetivos. (BRASIL, 2015B).

[14] BRASIL. Decreto nº 8.420, de 18 de março de 2015. **Diário Oficial da União.** Brasília, DF, 18 mar. 2015. Disponível em: <http://www.planalto.gov.br/ccivil_03/_Ato2015-2018/2015/Decreto/D8420.htm>. Acesso em: 01 set. 2020.

1.3 *Compliance* e programa de integridade

O termo compliance, deriva do verbo em inglês *to comply*, que significa "cumprir", ou, de forma mais abrangente, "conformidade" em relação a normas, regulamentos, procedimentos etc. Nesse sentido, nos ensina Marcella Blok:

> [...] é estar em conformidade, é o dever de cumprir e fazer cumprir regulamentos internos e externos impostos às atividades da instituição. "Ser compliance" equivale a conhecer as normas da organização, seguir os procedimentos recomendados, agir em conformidade e sentir o quanto é fundamental a ética e a idoneidade em todas as atitudes humanas e empresariais. [...] De forma sucinta Compliance é o conjunto de esforços para atuar em conformidade com leis e regras diversas inerentes às atividades da empresa, assim como estar em consonância com códigos de ética e políticas de conduta internas da corporação [15].

Nada obstante a definição utilitária, o compliance deve ser pensado também como meta ou finalidade. Não apenas no que diz respeito às normas jurídicas, mas também à disseminação da ética e da moral no ambiente empresarial. Nessa perspectiva, Marcos Assi explana que:

> Há uma grande tendência de caracterizar o compliance como uma atividade operacional ("estar em compliance") e não estratégica ("ser compliant"), alinhada à identidade organizacional e a comportamentos éticos. Estar em compliance é cumprir a legislação e as políticas internas por mera obrigação ou para reduzir eventuais penalidades, caso a organização sofra uma punição. Ser compliant é o cumprimento consciente e deliberado da legislação e de políticas internas, guiado pelos princípios e valores que compõem a identidade da organização, visando sua longevidade. Nesse sentido, buscamos ressaltar também como finalidade do sistema de compliance a integridade, não no sentido estrito das medidas voltadas para a prevenção de ilícitos, mas como a coerência entre pensamento, discurso e ação, buscando fortalecer a cultura e a reputação da organização.[16]

[15] BLOK, Marcella. Compliance e governança corporativa. Rio de Janeiro: Freitas Bastos, 2017. p. 2.

[16] ASSI, Marcos. **Gestão de Compliance e seus desafios.** 1. ed. São Paulo, SP: Saint Paul, 2013. p. 50

O compliance possui diversos ramos, dentre eles o *criminal compliance*, relativo à prevenção e erradicação de atividades ilícitas através de mecanismos de gestão de riscos de persecução penal, e o compliance empresarial, que tange questões estratégicas observadas condutas legais, éticas, e as melhores práticas do mercado. Nota-se que o compliance acaba por ultrapassar sua delimitação original de combate ao suborno transnacional, derivado – num primeiro momento – do FCPA, e passa a ser adequado – e, até mesmo, conveniente – a diversos ramos em que se pretende estar em conformidade, diante do cenário contemporâneo.

Moldado à nova estrutura jurídico-econômica, o compliance é, principalmente, uma prática empresarial, difusor de boas práticas de mercado e, ao mesmo tempo, de maior concorrência. Nessa lógica, Renato Silveira e Eduardo Diniz, que definem o compliance como a "autorregulação regulada", nos elucidam:

> Muito genericamente, poder-se-ia dizer que compliance diz respeito a uma prática empresarial que pretende colocar padrões internos de acordos e em cumprimento de dados normativos. [...] Só mais recentemente a ideia foi difundida no ambiente dos negócios, especificamente para caracterizar a adoção, pela empresa, de medidas internas destinadas a assegurar a observância de leis, estandartes e diretivas empresariais. Vê-se, assim, certa ambivalência de sua acepção: em termos amplos, refere-se à observância de parâmetro não só legais, mas também de caráter ético e de política empresarial, enquanto em sentido estrito faria referência à normativa legal pertinente [17].

A partir deste recente instituto, são concebidos os afamados Programas de Compliance, para garantir às necessidades cotidianas corporativas – dos diversos ramos em que ele opera – conformidade aos regulamentos internos e externos de uma companhia. Muito além da conformidade à legislação, o compliance dita uma atual tendência do mercado. Nesse sentido, de acordo com o Instituto Brasileiro de Governança Corporativa, o compliance é "a busca permanente de coerência entre aquilo que se espera de uma organização

[17] SILVEIRA, Renato de Mello Jorge; DINIZ, Eduardo Saad. **Compliance, direito penal e lei anticorrupção**. 1. ed. São Paulo: Saraiva, 2015. p. 65.

– respeito a regras, propósito, valores e princípios que constituem sua identidade – e o que ela de fato pratica no dia a dia"[18].

Ele foi internalizado no ordenamento jurídico brasileiro como programa de integridade, conforme instituído pelo Decreto nº 8.420/2015, e possui numerosos requisitos para que seja reconhecida sua validade e eficácia, conforme analisaremos a seguir.

1.4 Pilares do programa de integridade

O programa de integridade, previsto no Decreto nº 8.420, desempenha importante papel no mercado moderno, já que da autorregulação decorre fator de competitividade, com clara vantagem às grandes corporações, dotadas de orçamentos suficientes para programas robustos. Muito além deste motor comercial, o programa opera como baliza para o decreto mencionado, ora como atenuante de multa decorrente de sanção administrativa[19], ora como requisito para celebração de acordo de leniência[20].

Conceitualmente, há diversos elementos que corroboram para a estrutura de um programa de integridade, definidos nos artigos 41 e seguintes deste decreto, a saber:

> Art. 41. Para fins do disposto neste Decreto, programa de integridade consiste, no âmbito de uma pessoa jurídica, no conjunto de **mecanismos e procedimentos internos** de integridade, auditoria e incentivo à denúncia de irregularidades e na aplicação efetiva de **códigos de ética e de conduta, políticas e diretrizes** com objetivo de detectar e sanar desvios, fraudes,

[18] INSTITUTO BRASILEIRO DE GOVERNANÇA CORPORATIVA. **Compliance à luz da governança corporativa.** São Paulo: IBGC, 2017. Disponível em: <http://www.ibgc.org.br/userfiles/files/Publicacoes/IBGC_Orienta/Publicacao-IBGCOrienta-ComplianceSobaLuzDaGC-2017.pdf>. Acesso em: 15 set. 2020.

[19] Art. 18. Do resultado da soma dos fatores do art. 17 serão subtraídos os valores correspondentes aos seguintes percentuais do faturamento bruto da pessoa jurídica do último exercício anterior ao da instauração do PAR, excluídos os tributos: [...] V – um por cento a quatro por cento para comprovação de a pessoa jurídica possuir e aplicar um programa de integridade, conforme os parâmetros estabelecidos no Capítulo IV. (BRASIL, 2015B)

[20] Art. 37. O acordo de leniência conterá, entre outras disposições, cláusulas que versem sobre: [...] IV – a adoção, aplicação ou aperfeiçoamento de programa de integridade, conforme os parâmetros estabelecidos no Capítulo IV. (BRASIL, 2015B)

> irregularidades e atos ilícitos praticados contra a administração pública, nacional ou estrangeira.
> Parágrafo Único. O programa de integridade deve ser estruturado, aplicado e atualizado de acordo com as **características e riscos atuais das atividades de cada pessoa jurídica**, a qual por sua vez deve garantir o constante aprimoramento e adaptação do referido programa, visando garantir sua **efetividade**. (grifo nosso) [21]

Da leitura do artigo disposto acima, é possível concluir que, muito embora o programa de integridade seja utilizado para atenuar as eventuais multas – de um a quatro por cento[22] –, há que se comprovar sua efetividade. Isto é, não basta que o programa seja meramente estabelecido ou adotado formalmente. Deve haver o correto amoldamento aos riscos que a pessoa jurídica em questão apresenta, conforme seu modelo de negócio. Desta forma, a intenção, por trás da redação da norma, é não só assinalar procedimentos mínimos, mas também disseminar uma cultura ética dentro e fora das companhias.

Em que pese a redação do artigo 41 do Decreto nº 8.420 ser objetiva, ela delimita tão somente a estrutura primária e as diretrizes de um programa de integridade. Por esta razão e com o intuito de mitigar incertezas advindas de discussões no setor empresarial brasileiro, a CGU[23] publicou, em setembro de 2015, a cartilha "Programa de Integridade – Diretrizes para Empresas Privadas"[24]. Apesar da cartilha não possuir caráter normativo ou vinculan-

[21] BRASIL, 2015B.

[22] Art. 18. Do resultado da soma dos fatores do art. 17 serão subtraídos os valores correspondentes aos seguintes percentuais do faturamento bruto da pessoa jurídica do último exercício anterior ao da instauração do PAR, excluídos os tributos: [...] V – um por cento a quatro por cento para comprovação de a pessoa jurídica possuir e aplicar um programa de integridade, conforme os parâmetros estabelecidos no Capítulo IV. (BRASIL, 2015B).

[23] A CGU possui competência para expedir orientações, normas e procedimentos complementares acerca dos programas de integridade, conforme o artigo 42, §4º do Decreto nº 8.420. Art. 42. Para fins do disposto no § 4º do art. 5º, o programa de integridade será avaliado, quanto a sua existência e aplicação, de acordo com os seguintes parâmetros: [...] § 4º Caberá ao Ministro de Estado Chefe da Controladoria-Geral da União expedir orientações, normas e procedimentos complementares referentes à avaliação do programa de integridade de que trata este Capítulo. (BRASIL, 2015B)

[24] BRASIL. CGU. **Programa de Integridade – Diretrizes para Empresas Privadas**. Brasília, 2015. Disponível em: <http://www.cgu.gov.br/Publicacoes/etica-e-integridade/arquivos/programa-de-integridade-diretrizes-para-empresas-privadas.pdf>. Acesso em: 15 set. 2020.

te, o documento foi bem aceito por seus destinatários. Com diretrizes e mecanismos práticos, são enumerados cinco pilares primordiais para o desenvolvimento e implementação de um programa de integridade.

O primeiro pilar é o comprometimento e apoio da alta direção, isto é, a alta administração dita o tom da companhia, devendo disseminar e fomentar *uma cultura ética e de respeito às leis*[25], não só a seus funcionários, mas também a terceiros. O segundo deles é a noção de que haja uma instância responsável pelo Programa de Integridade, com autonomia, gerência e insumos suficientes para seu integral funcionamento, com acesso ao *alto corpo decisório da empresa*[26]. O terceiro refere-se à análise de perfil e riscos: a empresa deve conhecer seu modelo de negócio, seus processos e produtos, ao nível de compreender os riscos existentes e, a partir disto, criar mecanismos para mitigá-los, de acordo com o porte e os recursos da companhia.

O quarto distancia-se dos anteriores e apresenta, estruturalmente, regras e instrumentos, quais sejam: padrões de ética e de conduta; regras, políticas e procedimentos para mitigar os riscos; comunicação e treinamento; canais de denúncia; medidas disciplinares; e ações de remediação. Trata-se do pilar mais pragmático, tendo em vista que traz ferramentas e materiais a serem implantados, visando dar insumo ao arcabouço do programa. Ademais, a cartilha fornece sugestões de políticas relevantes, a serem adotadas – ou não – de acordo com os riscos de negócio apresentados por cada pessoa jurídica. Há, ainda, recomendações de canais de denúncia, medidas disciplinares e ações de remediação que implicam, direta ou indiretamente em investigações internas ou corporativas, que serão melhor explanadas no próximo capítulo.

Por fim, o quinto sugere a adoção de estratégias de monitoramento contínuo, de modo a perceber sua aplicabilidade, aperfeiçoamento e atualização, ensejando um ciclo de continuidade do programa de integridade.

Após este panorama acerca do programa de integridade, é imprescindível compreender que ele tem por finalidade (i) disseminar uma cultura ética dentro da companhia e a terceiros; (ii) delimitar que tipo de condutas são esperadas e não esperadas, diante do cotidiano do modelo de negócio de cada

25 BRASIL, 2015.

26 BRASIL, 2015.

empresa; (iii) garantir o ideal cumprimento às normas internas e à legislação, evitando penalidades; (iv) assegurar atenuantes em caso de violação legal, nos termos da LAC e seu decreto.

2. Investigações internas

2.1 Conceito

Conforme construído até aqui, o programa de integridade possui diversas hipóteses de aplicabilidade. Em seu cerne, atua como alicerce das condutas e das relações de uma companhia. Depois de constituído, em caso de responsabilização administrativa da pessoa jurídica por violação à LAC, ele influi na dosimetria da sanção pecuniária, funcionando alternativamente como requisito para eventual acordo de leniência. Para que as possibilidades acima se operem, é necessário que o programa apresente as condições do Capítulo IV do Decreto nº 8.420/2015. E que, em linha com as melhores práticas do mercado, possua minimamente alguns dos requisitos dos pilares do programa de integridade, elencados na cartilha da CGU apresentada anteriormente.

Como bem visto anteriormente, o compliance decorre de uma debilidade do Estado em atuar sobre todas as relações humanas e comerciais. Assim, transfere parte de suas atenções ao setor privado, que, de maneira autorregulada, é capaz de nortear condutas esperadas e não esperadas dentro de uma companhia, e fiscalizá-las cotidianamente.

Na hipótese de incidência de desvios de conduta que configurem atos lesivos à administração pública e, consequentemente, violação às leis nº 12.846/2013 e 8.666/1993, é possível que seja celebrado o acordo de leniência[27], benéfico a ambas partes. Contudo, para que seja celebrado, dentre outros requisitos, é necessário que a pessoa jurídica coopere plena e permanentemente

[27] Art. 28. O acordo de leniência será celebrado com as pessoas jurídicas responsáveis pela prática dos atos lesivos previstos na Lei nº 12.846, de 2013, e dos ilícitos administrativos previstos na Lei nº 8.666, de 1993, e em outras normas de licitações e contratos, com vistas à isenção ou à atenuação das respectivas sanções, desde que colaborem efetivamente com as investigações e o processo administrativo, devendo resultar dessa colaboração [...] (BRASIL, 2015B)

com as investigações[28], e forneça informações, documentos e elementos que comprovem a infração[29].

Desta conjuntura, decorre a importância das investigações internas. Inseridas no quarto pilar da cartilha, as investigações têm por finalidade, em síntese, ora verificar o ideal funcionamento do programa de integridade e sua aderência (prevenção); ora detectar indícios e apurar ilícitos ocorridos numa companhia (remediação)[30].

As investigações internas possuem profunda ligação com os canais de denúncia, também descritos no quarto pilar, que possibilitam a sinalização de irregularidades pelos próprios empregados ou terceiros. Para tanto, é necessário que o canal esteja disponível em diferentes meios *online* e *offline*, e seja amplamente divulgado. É primordial que seja oferecida a possibilidade de denúncia anônima, que, apesar de aumentar a margem de relatos com intuito de prejudicar outrem, garante mais efetividade. Além disso, o canal deve estar alicerçado em uma política que garanta confidencialidade, a proibição à retaliação do denunciante, e a transparência do andamento quando possível. Por fim, a cartilha também sugere que o canal esteja disponível em meio que permita o acompanhamento da denúncia, a fim de assegurar maior credibilidade à apuração do relato[31].

Conforme mencionado, as investigações internas poderão ser conduzidas, principalmente, com dois objetivos: de prevenção e de remediação.

A primeira hipótese está relacionada ao monitoramento contínuo do programa de integridade e de sua efetividade. Isto equivale dizer que, nesta conjuntura, não há – necessariamente – indícios ou denúncias de irregularidades ou atos ilícitos. Diferentemente, a segunda hipótese – ou seja, de remediação – está relacionada a contextos em que a pessoa jurídica tenha tomado ciência de potenciais irregularidades ou atos lesivos, através de denúncias, sinais de

[28] Art. 30. A pessoa jurídica que pretenda celebrar acordo de leniência deverá: [...] IV – cooperar plena e permanentemente com as investigações e o processo administrativo e comparecer, sob suas expensas e sempre que solicitada, aos atos processuais, até o seu encerramento; [...] (BRASIL, 2015B)

[29] V – fornecer informações, documentos e elementos que comprovem a infração administrativa. (BRASIL, 2015B)

[30] BRASIL, 2015.

[31] BRASIL, 2015.

alertas em controles internos, constatações em auditorias e, até mesmo, das próprias investigações preventivas.

2.2 Principais aspectos das investigações internas

Inicialmente, cabe aludir que não existe, sob a égide da legislação brasileira, hipótese de obrigatoriedade para que uma empresa conduza uma investigação interna. Para os fins da LAC e seu decreto, conforme visto, a investigação opera meramente como (i) balizador do programa de integridade, que atenua eventual sanção; e (ii) ferramenta de cooperação com a Administração Pública em acordos de leniência, que atenuam eventuais sanções. Isto é, as investigações garantem benefícios nas hipóteses acima, mas não há que se falar em imposição legal.

Em que pese a importância da segunda hipótese, a presente pesquisa tem por foco as investigações internas sob domínio da própria companhia, e não em cooperação com as autoridades.

Prosseguindo com as investigações, em decorrência da não obrigatoriedade, não há – de forma regulamentada – um momento para que sejam iniciadas as investigações ou, ainda, o modo e extensão em que serão conduzidas pela companhia. Contudo, ainda que não obrigatórias e para fins diversos dos previstos em dispositivos legais, as investigações internas exercem importantes papeis nas empresas e na sociedade.

Primordialmente, elas permitem que a companhia seja capaz de enxergar más condutas de seus empregados e terceiros, (quase sempre) descontinuando-as. Assim, evita-se danos posteriores e exposição de sua reputação e imagem. Aqui se enquadram hipóteses de investigações de condutas que violam os códigos e políticas internas, ou que podem incidir, até mesmo, em violações legais. Trata-se de clara proteção da empresa a ela mesma perante o mercado.

Em segundo lugar, as investigações permitem que a empresa individualize os sujeitos envolvidos e os responsáveis pelos atos irregulares. Logo, consegue permear pelas ferramentas de trabalho destes (*e.g.* computadores, celulares corporativos etc.), coletando e preservando evidências e demais documentos. Posteriormente, amoldados à estratégia da empresa, que optará por como proceder em relação aos empregados e demais partes envolvidas (demissão, ação judicial, denúncia, acordo amistoso etc.), tais documentos poderão figurar como prova para ora defender a companhia, ora acusar os devidos responsáveis.

Em terceiro lugar, por enxergar e descontinuar condutas irregulares, as investigações permitem que a companhia evite a recorrência do diagnóstico, por meio de ações de remediação e aprimorando os controles e procedimentos internos já existentes no programa de integridade. Tal finalidade remete, inclusive, ao quinto pilar da cartilha do programa de integridade apresentada anteriormente, e que diz respeito às estratégias de monitoramento contínuo[32].

Por fim, é possível que a empresa não seja responsabilizada, desde que seja possível comprovar que as investigações internas tenham sido iniciadas e remediadas previamente a eventual exposição que culminaria em futura denúncia e PAR. Para tanto, é necessário que as investigações internas na companhia tenham caráter, também, preventivo.

As investigações internas preventivas são implantadas à rotina corporativa e são conduzidas com habitualidade, para garantir que as áreas estejam atuando em acordo ao programa de integridade ou, eventualmente, tão somente à legislação vigente. Desta forma, evitam-se irregularidades e garante-se o correto funcionamento da companhia.

Entretanto, as investigações internas são iniciadas, majoritariamente, após determinado marco ou episódio, dentre eles (i) denúncias internas, por um ou mais funcionários, acerca de condutas suspeitas; (ii) denúncias anônimas, aludidas em canal de denúncia da empresa; (iii) denúncias por terceiros com quem a empresa tenha relação comercial; (iv) auditorias internas ou externas; (v) acusações de autoridades; (vi) por requisição de autoridades, inclusive em casos de investigações em cooperação ou perante estas, sejam nacionais ou estrangeiras; e (vii) por decisão da Administração da companhia[33].

Diante das ocorrências em que cabe à empresa o juízo de conduzir ou não a investigação interna – i, ii, iii, iv, vii – alguns fatores são levados em consideração para que seja tomada a decisão. As consequências jurídicas e comerciais são importantes elementos, já que da investigação interna podem decorrer implicações mais gravosas, a saber: denúncia perante as autoridades,

32 BRASIL, 2015.

33 SPEHL, Stephan; GRUETZNER, Thomas (Ed.). Corporate Internal Investigations: Overview of 13 jurisdictions. Oxford: Hart Publishing, 2013. p. 52-59.

responsabilização legal e dano à imagem. Ainda que o juízo seja subjetivo e amoldado aos casos concretos, é altamente recomendável que, diante de uma denúncia – anônima ou não – a companhia dê início à investigação interna. Além de interromper e remediar más-condutas, a empresa demonstra, quando cabível e possível, a seus funcionários e às autoridades, que não coaduna com condutas ímprobas e se dispõe a investigá-las, ganhando confiabilidade perante estes e ao mercado.

Outra decorrência da não obrigatoriedade é que não há metodologia regulamentada pela LAC e seu decreto, acerca das investigações internas. À vista disto, cada companhia adota o procedimento mais acessível e viável, dentro de sua estrutura organizacional e planejamento orçamental. Para tanto, a empresa deve registrar a metodologia, a sistemática, o organograma e as etapas adotadas, em política ou procedimento interno. Desta forma, garante que as investigações serão conduzidas com o máximo de imparcialidade, de maneira lógica e proporcional, na medida da dimensão e gravidade com que foram praticadas as condutas.

A metodologia tradicional parte de uma avaliação preliminar. Após o recebimento das alegações, avalia-se a credibilidade destas, de modo estabelecer, de forma criteriosa, se há indícios suficientes para a instauração da investigação interna. Neste momento, também é importante que sejam avaliados os riscos jurídicos e de exposição, como ressaltado anteriormente.

Instaurada a investigação, é categórico delimitar o escopo desta. Isto é, traçar o limiar e a extensão dos desvios cometidos, as áreas e indivíduos envolvidos – e quais serão, com efeito, amplamente examinados e eventualmente entrevistados –, os aspectos jurídicos abarcados, o tempo decorrente entre o início da investigação e o relatório de conclusão etc. Nesta ocasião, é essencial que se delibere sobre a necessidade (ou não) do envolvimento de investigadores externos, sejam escritórios de advocacia ou auditores.

O envolvimento de investigadores externos assegura que as investigações sejam conduzidas com mais imparcialidade, credibilidade e especialização técnica. Já a presença de investigadores internos – isto é, os próprios empregados da companhia – são mais familiarizados com a estrutura, o negócio, as operações, processos e sistemas, bem como com a cultura organizacional. Se, de um lado, os investigadores externos possuem mais imparcialidade, de outro, possuem um olhar externo à companhia. Por sua vez, investigadores internos possuem um olhar mais íntimo com a companhia e suas vertentes, contudo, podem incorrer em eventuais conflitos de interesse, ou em situações desconfortáveis ao investigar e entrevistar colegas de trabalho e superiores. Nesta conjuntura de pesos e contrapesos, o ideal é que os casos que exijam uma apuração mais técnica e aprofundada contem com a participação de investigadores internos e externos durante o processo investigatório.

Cabe ressaltar que, definida a equipe de investigação, será necessário observar as exigências da Ordem dos Advogados do Brasil ("OAB") com relação às atividades que demandarem atuação de um advogado. Em que pese a investigação interna, em si, não se tratar de atividade privativa de advocacia, sempre que houver necessidade de ser realizada postulação perante órgãos do Poder Judiciário, ou atividade de consultoria, assessoria e direção jurídica, estas far-se-ão mediante atuação de advogado[34]. Desta forma, é aconselhável que, no rol de investigadores, haja, pelo menos, um advogado.

Outro importante ponto a ser definido, no escopo da investigação, diz respeito aos materiais a serem analisados durante esta. Com base nos indivíduos chaves (*key players*) identificados, delimita-se quais equipamentos eletrônicos e demais documentos serão examinados, bem como o método e tecnologia a serem empregados.

Definido o escopo, adentra-se a investigação interna propriamente dita, apoiada em ações individuais, que, após todo o procedimento, culminarão em relatório conclusivo – ou não – acerca do objeto de apuração.

2.3 Ações individuais nas investigações internas

Durante a realização das investigações internas, algumas ações individuais devem ser tomadas – isto é, medidas a serem adotadas com relação aos sujeitos envolvidos –, em linha com o que houver sido deliberado acerca dos indivíduos e materiais a serem analisados[35].

[34] Art. 1º São atividades privativas de advocacia: I – a postulação a órgão do Poder Judiciário e aos juizados especiais; II – as atividades de consultoria, assessoria e direção jurídicas. (BRASIL. Lei nº 8.906, de 04 de julho de 1994. **Diário Oficial da União**. Brasília, DF, 4 jul. 1994. Disponível em: <http://www.planalto.gov.br/ccivil_03/Leis/L8906.htm>. Acesso em: 25 set. 2020.)

[35] SPEHL, 2013. p. 59-68.

Uma das medidas de uma investigação é a entrevista com empregados, sejam eles envolvidos, suspeitos ou meramente fontes de informações. Neste momento, o entrevistador terá a possibilidade de esclarecer pontos contraditórios ou pouco compreendidos, a partir de roteiros pré-elaborados e documentos analisados, ou até mesmo confrontar informações. É de suma importância, no entanto, elucidar ao empregado que, na presença de advogado que conduza as entrevistas, este representa os interesses da companhia[36], não havendo sigilo profissional entre este e o entrevistado, já que o objeto da investigação é apurar irregularidades e auxiliar, com efeito, a empresa. Deste modo, aconselha-se que haja, entre o rol de investigadores, um advogado que, desta forma, representando a pessoa jurídica, poderá conduzir os atos em favor desta, amparado pelo manto do sigilo previsto no Estatuto da Advocacia[37]. Sempre que possível, a convocação para as entrevistas deverá ser realizada de forma confidencial, de modo a não causar alarde, prevenindo conluios e que eventuais suspeitos se comuniquem.

Outra medida cabível durante esta etapa da investigação envolve a inspeção de meios eletrônicos, e.g. computadores, celulares, *hardwares* ou "HDs" portáteis, entre outros. Mediante a aplicação de novos sistemas e mecanismos, como a função *hash*[38], a tecnologia da informação é capaz penetrar meios eletrônicos, que sejam objeto de apuração, e duplicar todo o material reproduzido para

[36] Desde logo, para que não haja incidência do artigo 9º do Código de Ética e Disciplina da OAB: "art. 9º O advogado deve informar o cliente, de modo claro e inequívoco, quanto a eventuais riscos da sua pretensão, e das consequências que poderão advir da demanda. Deve, igualmente, denunciar, desde logo, a quem lhe solicite parecer ou patrocínio, qualquer circunstância que possa influir na resolução de submeter-lhe a consulta ou confiar-lhe a causa." (OAB. **Código de Ética e Disciplina da Ordem dos Advogados do Brasil**. Brasília, 2015. Disponível em: <http://www.oab.org.br/arquivos/resolucao-n-022015-ced-2030601765.pdf> Acesso em: 25 set. 2020.)

[37] Art. 7º São direitos do advogado: [...] II – a inviolabilidade de seu escritório ou local de trabalho, bem como de seus instrumentos de trabalho, de sua correspondência escrita, eletrônica, telefônica e telemática, desde que relativas ao exercício da advocacia; [...] (BRASIL, 1994.)

[38] "A função criptográfica hash é um algoritmo utilizado para garantir a integridade de um documento eletrônico, de modo que um perito técnico possa comprovar que não houve alteração neste documento desde a época em que este foi transformado. Assim, uma simples alteração neste documento acarretará uma alteração do resumo hash original, desconstituindo assim a prova de integridade do depósito do programa de computador." (BRASIL. Ministério Da Indústria, Comércio Exterior e Serviços. Instituto Nacional da Propriedade Industrial. **Manual do Usuário para o Registro Eletrônico de Programas de Computador**. Rio de

plataforma diversa que permita a filtragem deste conteúdo e análise por equipe de *forensics* ou o quadro de investigadores. De maneira clara, todo o material presente na máquina é clonado e disposto à análise dos investigadores, após passar por filtro de palavras-chaves amoldadas ao contexto. A depender das condições da investigação, a equipe opta pela apreensão da máquina até que sejam feitas as apurações, ou por tecnologias capazes de duplicar o conteúdo a ser analisado. O juízo deve considerar a extensão e o nível de sigilo da investigação, bem como o andamento dos fatos, tendo em vista que a segunda hipótese – função *hash* – copia os documentos até a data de sua realização, culminando em desconhecimento de fatos posteriores àquela data, enquanto a primeira – apreensão – detém todo o histórico, inclusive fatos presentes.

Ainda relativamente às ações individuais, existem diversas medidas aplicáveis à realidade e utilizados com menor frequência, pelos próprios riscos apresentados e pela abordagem mais agressiva. A saber, (i) recolhimento de arquivos, correspondências e demais documentos dos empregados, presentes no ambiente de trabalho; (ii) inspeção de arquivos pessoais do empregado, como seu histórico na empresa; (iii) sistema de vídeo vigilância de funcionários; (iv) grampeamento de telefone; (v) busca no local de trabalho, seja por documentos não coletados, como evidências oculares; (vi) escuta de ambiente[39].

Em todas as hipóteses de ações individuais depreendem-se, naturalmente, repercussões e implicações jurídicas a serem observadas e resguardadas. Nesta perspectiva, urge evidenciar e destacar quais são os limites a serem observados, pelas ações, principalmente, mais utilizadas em investigações internas.

3. Limitações às investigações internas

Da exposição acerca das investigações internas, fazem-se necessários limites que refreiem a dimensão destas, a fim de que não sejam empregadas a torto e a direito, contra os investigados. Deste modo, cabe acentuar, em síntese, dois principais balizadores responsáveis por comedir as principais ações

Janeiro, 2018. Disponível em: <http://www.inpi.gov.br/menu-servicos/arquivos-programa-de-computador/ManualdoUsurioV1.8.1.pdf> Acesso em: 25 set. 2020.)

[39] SPEHL, 2013, p. 59-68.

individuais adotadas, (i) em relação à privacidade como direito fundamental; e (ii) em relação à proteção de dados. Ressalta-se que análise aqui feita se limita às investigações de empregados da companhia, não envolvendo terceiros, diante das inúmeras diferenciações teóricas e práticas que as rondam.

3.1 Limites das investigações internas em relação à privacidade como direito fundamental

Em que pesem as divergências doutrinárias e a dificuldade de conceituação de forma objetiva, os direitos fundamentais ou direitos fundamentais do homem[40], sob a concepção do Estado Democrático de Direito[41], são direitos indispensáveis e positivados à época de sua decorrência. De outro modo, as categorias de direitos fundamentais são cumulativamente positivadas de acordo com a evolução histórica que as demandaram.

As investigações internas, notadamente, enfrentam óbice perante o direito à privacidade, direito fundamental de primeira geração[42]. Tal garantia foi

[40] "*Direitos fundamentais do homem* constitui a expressão mais adequada a este estudo, porque, além de referir-se a princípios que resumem a concepção do mundo e informam a ideologia política de cada ordenamento jurídico, é reservada para designar, *no nível do direito positivo*, aquelas prerrogativas e instituições que ele concretiza em garantias de uma convivência digna, livre e igual de todas as pessoas. No qualificativo *fundamentais* acha-se a indicação de que se trata de situações jurídicas sem as quais a pessoa humana não se realiza, não convive e, às vezes, nem mesmo sobrevive; fundamentais *do homem* no sentido de que a todos, por igual, devem ser, não apenas formalmente reconhecidos, mas concreta e materialmente efetivados. Do *homem*, não como o macho da espécie, mas no sentido de *pessoa humana. Direitos fundamentais do homem* significa *direitos fundamentais da pessoa humana ou direitos fundamentais.*" (SILVA, José Afonso da. **Curso de direito constitucional positivo.** 38. ed., rev. e atual. São Paulo: Malheiros, 2015. p.180.)

[41] Art. 1º A República Federativa do Brasil, formada pela união indissolúvel dos Estados e Municípios e do Distrito Federal, constitui-se em Estado Democrático de Direito e tem como fundamentos [...] (BRASIL. **Constituição,** 1988. Constituição: República Federativa do Brasil. Brasília: Senado Federal, 1988. Disponível em: <http:www.planalto.gov.br/ccivil_03/constituição/constituicaocompilado.htm>. Acesso em: 27 set. 2020.)

[42] "São os primeiros a ser positivado, daí serem ditos de *primeira geração.* Pretendia-se, sobretudo, fixar uma esfera de autonomia pessoal refratária às expansões do Poder. Daí esses direitos traduzirem-se em postulados de abstenção dos governantes, criando obrigações de não fazer, de não intervir sobre aspectos da vida pessoal de cada indivíduo. São considerados indispensáveis a todos os homens, ostentando, pois, pretensão universalista. Referem-se a liberdades individuais, como a de consciência, de reunião, e à inviolabilidade de domicílio.

positivada na Constituição Federal em seu artigo 5º, X, que abarca direito à intimidade, à vida privada, à honra e à imagem:

> X – são invioláveis a intimidade, a vida privada, a honra e a imagem das pessoas, assegurado o direito a indenização pelo dano material ou moral decorrente de sua violação.[43]

O direito à privacidade contém, em si, os direitos elencados no inciso X, já que aquele é mais amplo que estes[44]. A este respeito, José Afonso da Silva defende que o direito à privacidade é mais abrangente que os demais direitos, conforme depreende-se:

> [...] Por isso, preferimos usar a expressão *direito à privacidade*, num sentido genérico e amplo, de modo a abarcar todas essas manifestações da esfera íntima, privada e da personalidade, que o texto constitucional em exame consagrou. Toma-se, pois, a privacidade, como "o conjunto de informação acerca do indivíduo que ele pode decidir manter sob seu exclusivo controle, ou comunicar, decidindo a quem, quando, onde e em que condições, sem a isso poder ser legalmente sujeito". A esfera de inviolabilidade, assim, é ampla, "abrange o modo de vida doméstico, nas relações familiares e afetivas em geral, fatos, hábitos, local, nome, imagem, pensamentos, segredos e, bem assim, as origens e planos futuros do indivíduo. A doutrina sempre lembra que o Juiz americano Cooly, em 1873, identificou a privacidade como o direito de ser deixado tranquilo, em paz, de estar só: *Right to be alone*. "O *right of privacy* compreende, decidiu a Corte Suprema dos Estados Unidos, *o direito de toda pessoa tomar sozinha as decisões na esfera da sua vida privada*.[45]

São direitos em que não desponta a preocupação com desigualdades sociais. O paradigma de titular desses direitos é o homem individualmente considerado. Por isso, a liberdade sindical e o direito de greve – considerados, então, fatores desarticuladores do livre encontro de indivíduos autônomos – não eram tolerados no Estado de Direito liberal. A preocupação em manter a propriedade servia de parâmetro e de limite para a identificação dos direitos fundamentais, notando-se pouca tolerância para as pretensões que lhe fossem colidentes." (MENDES, Gilmar Ferreira; BRANCO, Paulo Gustavo Gonet. **Curso de direito constitucional**. 10. ed., rev. e atual. São Paulo: Saraiva, 2015. p. 137.)

43 BRASIL, 1988.

44 MENDES, 2015. p. 280.

45 SILVA, 2015. p.208.

Imperioso ressaltar, neste momento, que *o homem vive como personalidade em esferas diversas: numa esfera individual e noutra esfera privada*[46]. A primeira esfera remete à proteção à honra, enquanto a última à proteção contra a indiscrição. De forma prática, a esfera individual está relacionada com o cidadão no mundo, ao passo que a esfera privada diz respeito ao *cidadão na intimidade ou no recato, em seu isolamento moral, convivendo com a própria individualidade*[47].

A doutrina alemã, mais adiante, desdobra a vida privada em três esferas: *Privatsphäre, Indiskretionsdelikt*, e *Vertrauensphäre* ou *Vertraulichkeitssphäre*[48], a partir da teoria dos círculos concêntricos da vida privada. A primeira é a esfera privada propriamente dita, formada por elementos (comportamentos e fatos) que o sujeito mantém sob seu domínio e afasta do âmbito público. A segunda é, na realidade, externa à esfera da privacidade, tratando-se de elementos de domínio público e que não desfrutam do direito à intimidade, já que não se enquadram nos delitos de indiscrição. A terceira, inserida na esfera privada, engloba a esfera da intimidade e a esfera confidencial, respectivamente. Estas, por sua vez, remetem à ideia de confiança por parte do indivíduo, razão pela qual um pequeno e seleto grupo detém domínio destas informações.[49]

As investigações internas carregam consigo a problemática de atuação limítrofe à violação do direito à privacidade. Isto porque, durante as ações individuais, os investigadores possuem amplo acesso a documentos dos investigados[50].

Nada obstante o louvor da teoria e a necessidade de divisão das esferas individual e privada, a hipótese compreendida pela problemática acima se atém à ideia de privacidade em sentido amplo, haja visto que o indivíduo não escolhe ter sua intimidade violada, mas, forçosamente, dispõe desta em prol do seu labor. Decorre, aqui, a necessidade de determinar onde se aloja a fronteira entre a esfera privada e os elementos cujas investigações podem penetrar.

[46] COSTA JÚNIOR, Paulo José da. **Agressões à intimidade: o episódio Lady Di.** 1. ed. São Paulo: Melhoramentos, 1997. p. 23.
[47] COSTA JÚNIOR, 1997. p. 24.
[48] COSTA JÚNIOR, 1997. p. 25.
[49] COSTA JÚNIOR, 1997. p. 25.
[50] BOURTIN, Nicolas et al (Ed.). The International Investigations Review. 8. ed. Londres: Law Business Research Ltd, 2018. p. 60-69.

É necessário partir de um lugar comum: em regra, a violação – por interceptação ou monitoramento – de correspondência[51], comunicação telegráfica[52], radioelétrica[53] ou telefônica[54] de outrem constitui crime. Ademais, a Constituição Federal garante a inviolabilidade da correspondência e das comunicações telegráficas de dados e telefônicas, como direito fundamental[55], só podendo ser quebrado por ordem judicial[56].

Apesar da garantia constitucional apresentada acima, resta clara que, na hipótese de vínculo empregatício, há poder de direção do empregador, decorrente da subordinação[57]. Em respeito a tal noção e, em decorrência da responsabilidade objetiva[58] do empregador por atos cometidos por seus em-

51 "Art. 151 – Devassar indevidamente o conteúdo de correspondência fechada, dirigida a outrem: Pena – detenção, de um a seis meses, ou multa." (BRASIL. Decreto-lei nº 2.848, de 07 de dezembro de 1940. Diário Oficial da União. Rio de Janeiro, RJ, 7 dez. 1950. Disponível em: <http://www.planalto.gov.br/ccivil_03/decreto-lei/del2848.htm>. Acesso em: 27 set. 2020.)

52 "Art. 151 – Devassar indevidamente o conteúdo de correspondência fechada, dirigida a outrem: II – quem indevidamente divulga, transmite a outrem ou utiliza abusivamente comunicação telegráfica ou radioelétrica dirigida a terceiro, ou conversação telefônica entre outras pessoas; [...]" (BRASIL, 1940.)

53 "Art. 151 – Devassar indevidamente o conteúdo de correspondência fechada, dirigida a outrem: III – quem impede a comunicação ou a conversação referidas no número anterior; [...]" (BRASIL, 1940.)

54 "Art. 151 – Devassar indevidamente o conteúdo de correspondência fechada, dirigida a outrem: IV – quem instala ou utiliza estação ou aparelho radioelétrico, sem observância de disposição legal. [...]" (BRASIL, 1940.)

55 Art. 5º Todos são iguais perante a lei, sem distinção de qualquer natureza, garantindo-se aos brasileiros e aos estrangeiros residentes no País a inviolabilidade do direito à vida, à liberdade, à igualdade, à segurança e à propriedade, nos termos seguintes: XII – é inviolável o sigilo da correspondência e das comunicações telegráficas, de dados e das comunicações telefônicas, salvo, no último caso, por ordem judicial, nas hipóteses e na forma que a lei estabelecer para fins de investigação criminal ou instrução processual penal; [...] (BRASIL, 1988.)

56 BRASIL. Lei nº 9.296, de 24 de julho de 1996. Diário Oficial da União. Brasília, DF, 24 jul. 1996. Disponível em: <http://www.planalto.gov.br/ccivil_03/LEIS/L9296.htm>. Acesso em: 27 set. 2020.

57 DELGADO, Mauricio Godinho. Curso de direito do trabalho. 14. ed. São Paulo: LTr, 2015. p. 310.

58 Art. 932. São também responsáveis pela reparação civil: III – o empregador ou comitente, por seus empregados, serviçais e prepostos, no exercício do trabalho que lhes competir, ou em razão dele; [...] (BRASIL. Lei nº 10.406, de 10 de janeiro de 2002. Diário Oficial da União. Brasília, DF, 10 jan. 2002. Disponível em: <http://www.planalto.gov.br/ccivil_03/leis/2002/l10406.htm>. Acesso em: 27 set. 2020.)

pregados, é razoável que aquele possa monitorar estes, a fim de se resguardar juridicamente.

No entanto, não se trata de hipótese absoluta, isto é, de monitoramento de toda e qualquer forma de comunicação de seus empregados. O empregador pode, legitimamente, monitorar seus empregados apenas no que tange a ferramentas de trabalho por ele concedidas, *e.g. e-mails* corporativos, telefones móveis corporativos, programas de envio de mensagem instantânea, entre outras.

Neste sentido, a Justiça do Trabalho vem se posicionando no sentido de que, para se resguardar de eventual responsabilidade, é lícito o monitoramento, bem como sua utilização como prova em eventual ação judicial, conforme depreende-se:

> **PROVA ILÍCITA. -E-MAIL- CORPORATIVO. JUSTA CAUSA. DIVULGAÇÃO DE MATERIAL PORNOGRÁFICO.** 1. Os sacrossantos direitos do cidadão à privacidade e ao sigilo de correspondência, constitucionalmente assegurados, concernem à **comunicação estritamente pessoal**, ainda que virtual (-e-mail- particular). Assim, **apenas o e-mail pessoal ou particular do empregado**, socorrendo-se de provedor próprio, **desfruta da proteção constitucional e legal de inviolabilidade**. 2. Solução diversa impõe-se em se tratando do chamado **-e-mail- corporativo**, instrumento de comunicação virtual mediante o qual o empregado louva-se de terminal de computador e de provedor da empresa, bem assim do próprio endereço eletrônico que lhe é disponibilizado igualmente pela empresa. Destina-se este a que nele trafeguem **mensagens de cunho estritamente profissional**. Em princípio, é de uso corporativo, salvo consentimento do empregador. Ostenta, pois, **natureza jurídica equivalente à de uma ferramenta de trabalho proporcionada pelo empregador ao empregado para a consecução do serviço**. 3. A estreita e cada vez mais intensa vinculação que passou a existir, de uns tempos a esta parte, entre Internet e/ou correspondência eletrônica e justa causa e/ou crime exige muita parcimônia dos órgãos jurisdicionais na qualificação da ilicitude da prova referente ao desvio de finalidade na utilização dessa tecnologia, tomando-se em conta, inclusive, o princípio da proporcionalidade e, pois, os diversos valores jurídicos tutelados pela lei e pela Constituição Federal. A experiência subministrada ao magistrado pela observação do que ordinariamente acontece revela que, notadamente o -e-mail- corporativo, não raro sofre acentuado desvio de finalidade, mediante a utilização abusiva ou ilegal, de que é exemplo o envio de fotos

pornográficas. Constitui, assim, em última análise, expediente pelo qual o empregado pode provocar expressivo prejuízo ao empregador. 4. Se se cuida de -e-mail- corporativo, declaradamente destinado somente para assuntos e matérias afetas ao serviço, o que está em jogo, antes de tudo, é o exercício do direito de propriedade do empregador sobre o computador capaz de acessar à INTERNET e sobre o próprio provedor. Insta ter presente também a **responsabilidade do empregador, perante terceiros, pelos atos de seus empregados em serviço** (Código Civil, art. 932, inc. III), bem como que está em xeque o direito à imagem do empregador, igualmente merecedor de tutela constitucional. Sobretudo, imperativo considerar que o empregado, ao receber uma caixa de -e-mail- de seu empregador para uso corporativo, mediante ciência prévia de que nele somente podem transitar mensagens profissionais, **não tem razoável expectativa de privacidade quanto a esta**, como se vem entendendo no Direito Comparado (EUA e Reino Unido). 5. **Pode o empregador monitorar e rastrear a atividade do empregado no ambiente de trabalho, em -e-mail- corporativo, isto é, checar suas mensagens, tanto do ponto de vista formal quanto sob o ângulo material ou de conteúdo.** Não é ilícita a prova assim obtida, visando a demonstrar justa causa para a despedida decorrente do envio de material pornográfico a colega de trabalho. Inexistência de afronta ao art. 5º, incisos X, XII e LVI, da Constituição Federal. 6. Agravo de Instrumento do Reclamante a que se nega provimento. (RR - 61300-23.2000.5.10.0013 , Relator Ministro: João Oreste Dalazen, Data de Julgamento: 18/05/2005, 1ª Turma, Data de Publicação: DJ 10/06/2005). (grifo nosso)[59]

MONITORIZAÇÃO DO MSN. QUEBRA DE SIGILO DE CORRESPONDÊNCIA. NÃO OCORRÊNCIA. Considerando que os equipamentos de informática são disponibilizados pelas empresas aos seus funcionários com a finalidade única de atender às suas atividades laborativas, sendo o MSN comumente utilizado na empresa como **ferramenta de trabalho**, **é perfeitamente aceitável a monitorização das mensagens enviadas e recebidas pela empregadora, sem que reste configurada violação dos direitos à intimidade ou privacidade e sigilo de correspondência.** Esse o controle

[59] BRASIL. Tribunal Superior do Trabalho. **RR - 61300-23.2000.5.10.0013.** Relator Ministro: João Oreste Dalazen, Data de Julgamento: 18/05/2005, 1ª Turma. Brasília, 2005. Disponível em: <http://aplicacao5.tst.jus.br/consultaunificada2/inteiroTeor.do?action=printInteiroTeor&format=html&highlight=true&numeroFormatado=RR%20-%2061300-23.2000.5.10.0013&base=acordao&rowid=AAANGhAAFAAAgNcAAS&dataPublicacao=10/06/2005&localPublicacao=DJ&query=PROVA%20and%20ILÍCITA>. Acesso em: 27 set. 2020.

> apresenta-se como a forma mais eficaz, tanto de proteção e fiscalização às informações que tramitam no âmbito da empresa, inclusive sigilosas, quanto de evitar o mau uso do sistema internet, que pode, inclusive, atentar contra a moral e os bons costumes, causando à imagem da empresa prejuízos de larga monta. Nego provimento ao recurso.
> (TRT-18 16342009011118001 GO 01634-2009-011-18-00-1, Relator: ALDON DO VALE ALVES TAGLIALEGNA, Data de Publicação: DJ Eletrônico Ano IV, Nº 58 de 08.04.2010, pág.9/10). (grifo nosso) [60]

Em suma, computadores, *e-mails*, celulares e demais ferramentas são fornecidas pelo empregador para fins do negócio, decorrentes da relação de emprego. Além disso, os argumentos acima apresentados salvaguardam o empregador no que diz respeito às investigações internas e às ações individuais contra os empregados investigados.

Embora o empregador encontre defesa nos pontos anteriores, não há, como visto, qualquer regulamentação acerca das investigações internas na legislação brasileira. Como consequência disto, não há um limite claro e pacífico da extensão do direito à privacidade do empregado no ambiente de trabalho, ao utilizar ferramentas fornecidas pelo empregador. Desta forma, é aconselhado que o empregador sempre informe seus empregados sobre as finalidades das ferramentas, ora verbalmente, ora por avisos nos próprios dispositivos, bem como a ausência de expectativa de privacidade[61].

Durante as ações individuais, além de coletar documentos e materiais pertencentes aos investigados, os investigadores possuem acesso aos mais variados dados pessoais daqueles. Nesta perspectiva, cabe compreender, ainda, alguns aspectos ligados à proteção dos dados pessoais tratados durante as investigações, tópico este a ser tratado na sequência.

[60] BRASIL. Tribunal Regional do Trabalho 18. **16342009011118001 GO 01634-2009-011-18-00-1**. Relator: ALDON DO VALE ALVES TAGLIALEGNA. Goiânia, 2010. Disponível em: <https://trt-18.jusbrasil.com.br/jurisprudencia/18951543/16342009011118001-go-01634-2009-011-18-00-1/inteiro-teor-104209671?ref=juris-tabs>. Acesso em: 27 set. 2020.
[61] SPEHL, 2013, p. 61-62.

3.2 Limites das investigações internas em relação à proteção de dados do investigado

A proteção de dados está inteiramente ligada com conceitos e direitos fundamentais anteriormente apresentados, como o direito à privacidade, a inviolabilidade da intimidade, da honra e da imagem, bem como os direitos humanos e a liberdade de expressão. Nas últimas décadas, seu estudo tem sido paralelo ao estudo dos direitos fundamentais, em âmbito internacional.

Até 2018, sob a ótica da proteção de dados, o Brasil enfrentava a ausência de legislação que a regulasse, de forma ampla e integral. Eram percebidas, tão somente, leis setoriais pouco abrangentes[62] e que transferiam ao público inúmeras incertezas e divergências. Era o que se sucedia, a título de exemplo, com o Marco Civil da Internet[63], que dedica alguns de seus artigos a temas correlatos à proteção de dados em "ambiente *online*", mas sem antecipar conceitos, como nota-se a partir da ausência de definição de dados pessoais.

Apenas após escândalos envolvendo proteção de dados[64] e divergências acerca da constitucionalidade da Lei do Cadastro Positivo, unido a um movimento internacional legislativo para regulamentar a matéria e o interesse de entrada do Brasil na OCDE[65], é que foi sancionada a Lei Geral de Proteção

[62] BAPTISTALUZ. **Proteção de dados – a legislação vigente no Brasil.** São Paulo, 2017. Disponível em: <http://baptistaluz.com.br/wp-content/uploads/2017/11/Privacy-Hub-Leis-Setoriais.pdf>. Acesso em: 30 set. 2020.

[63] BRASIL. Lei nº 12.965, de 23 de abril de 2014. **Diário Oficial da União.** Brasília, DF, 23 Abr. 2014. Disponível em: <http://www.planalto.gov.br/ccivil_03/_ato2011-2014/2014/lei/l12965.htm>. Acesso em: 30 set. 2020.

[64] Como é o caso da *Cambridge Analytica*, que coletou, legalmente, dados de usuários do *Facebook* e os utilizou para finalidades diversas, como para auxiliar as eleições norte-americanas e a saída do Reino Unido da União Europeia. MURPHY-BATES, Sebastion. Facebook is fined £500,000 over Cambridge Analytica scandal which saw user data harvested from tens of millions of people (but it'll take social media giant just 18 minutes to pay it). **Daily Mail.** Kensington, 2018. Disponível em: <https://www.dailymail.co.uk/news/article-6315357/Facebook-fined-500-000-Cambridge-Analytica-scandal.html>. Acesso em: 30 set. 2020.

[65] A organização impõe, como uma das exigências para ingresso, possuir legislação sobre proteção de dados, com garantias equivalentes à visão adotada pela organização. (TRUFFI, Renan. Por vaga na OCDE, governo articula criar órgão para proteção de dados na internet. **Estadão.** São Paulo, 2018. Disponível em: <https://economia.estadao.com.br/noticias/geral,por-vaga-na-ocde-governo-articula-criar-orgao-para-protecao-de-dados-na-internet,70002266200>. Acesso em: 30 set. 2020.

de Dados ("LGPD") em 14 de agosto de 2018[66], seis anos após o primeiro projeto de lei. Popularmente conhecida como LGPD, a lei – como o próprio nome antecipa – dispõe sobre o tratamento[67] de dados pessoais, sejam estes operados em meios eletrônicos ou não.

Em razão da presença de dados pessoais – como nome, endereço, e-mail – e dados pessoais sensíveis – como dados biométricos e opinião política – a LGPD também se aplica às operações de tratamento decorrentes das investigações internas. E, por esta razão, é utilizada como marco normativo de limitação às investigações, frente a proteção de dados.

Em seu artigo 4º, III, a lei afasta a aplicação a tratamentos para fins exclusivos de segurança pública, defesa nacional, segurança do Estado ou atividades de investigação e repressão de infrações penais, desde que, se tratados pessoa de direito privado, os procedimentos estejam sob tutela de pessoa jurídica de direito público. A depender das nuances da investigação interna em questão, é possível que esta se enquadre perante atividades de investigação e repressão de infrações penais em procedimentos sob tutela de pessoa jurídica de direito público – como nos casos de investigações internas em cooperação com as autoridades competentes. Entretanto, tais casos demandam e, ainda, carecem de legislação específica.

Sem embargo do plausível entendimento exposto acima, o presente escrito restringe-se às investigações conduzidas em âmbito integralmente interno – ou seja, sem eventual cooperação com autoridades – e cujo objeto de apuração esteja relacionado aos empregados da companhia. Diante desta hipótese, o entendimento, aqui, é de que a LGPD seja aplicável, uma vez que não há ressalvas quanto a estas operações de tratamento.

As investigações internas – bem como quaisquer operações de tratamento – sofrem os impactos decorrentes das diversas disposições e novos deveres trazidos pela LGPD. À vista disto, é fundamental uma efetiva implementação

[66] BRASIL. Lei nº 13.709, de 14 de agosto de 2018. **Diário Oficial da União.** Brasília, DF, 14 ago. 2020. Disponível em: <http://www.planalto.gov.br/ccivil_03/_Ato2015-2018/2018/Lei/L13709.htm>. Acesso em: 30 set. 2020.

[67] Art. 5º Para os fins desta Lei, considera-se: [...] X – tratamento: toda operação realizada com dados pessoais, como as que se referem a coleta, produção, recepção, classificação, utilização, acesso, reprodução, transmissão, distribuição, processamento, arquivamento, armazenamento, eliminação, avaliação ou controle da informação, modificação, comunicação, transferência, difusão ou extração; [...] (BRASIL, 2018.)

de medidas de adequação às operações de tratamento relativas às investigações e que atentem, especialmente, aos direitos dos titulares.

A priori, ressalta-se a necessidade de observância aos princípios da lei. Muitas vezes preteridos diante de outras disposições complexas, os princípios guardam importantes deveres que norteiam, de modo abrangente, os tratamentos. Destaca-se, dentre eles, os princípios da adequação e da necessidade. Relativamente às investigações, é mandatório que os dados pessoais e sensíveis tratados para finalidades decorrentes destes procedimentos correspondam ao mínimo (necessidade) de dados apropriados (adequação) à operação.

No que se refere às hipóteses de tratamento[68] – isto é, as previsões legais em que os tratamentos estão, em regra, amparados – o artigo 7º da lei prevê dez bases legais, quais sejam, resumidamente: mediante consentimento; para cumprimento de obrigação legal ou regulatória; para execução de políticas públicas; para realização de estudos por órgão de pesquisa; para execução de contrato; para exercício regular de direito; para proteção da vida; para tutela da saúde; para atender aos interesses legítimos do controlador ou terceiro; e para proteção do crédito. Evidentemente, cada uma das referidas bases legais possui particularidades e determinações específicas.

Os tratamentos decorrentes das investigações internas – sob as delimitações aqui impostas – encontram guarida, via de regra, em duas das hipóteses conjecturadas pela LGPD, quais sejam: para o cumprimento de obrigação legal ou regulatória; e quando necessário para atender os interesses legítimos do controlador ou terceiro.

Encontra-se diante da primeira hipótese – para cumprimento de obrigação legal ou regulatória – quando a própria investigação decorrer diretamente de

[68] Art. 7º O tratamento de dados pessoais somente poderá ser realizado nas seguintes hipóteses: I – mediante o fornecimento de consentimento pelo titular; II – para o cumprimento de obrigação legal ou regulatória pelo controlador; III – pela administração pública, para o tratamento e uso compartilhado de dados necessários à execução de políticas públicas previstas em leis e regulamentos ou respaldadas em contratos, convênios ou instrumentos congêneres, observadas as disposições do Capítulo IV desta Lei; IV – para a realização de estudos por órgão de pesquisa, garantida, sempre que possível, a anonimização dos dados pessoais; V – quando necessário para a execução de contrato ou de procedimentos preliminares relacionados a contrato do qual seja parte o titular, a pedido do titular dos dados; VI – para o exercício regular de direitos em processo judicial, administrativo ou arbitral, esse último nos termos da Lei nº 9.307, de 23 de setembro de 1996 (Lei de Arbitragem);

uma obrigação, geralmente perceptível em setores altamente regulados, como o financeiro. Ou, ainda, quando a investigação for procedimento necessário para se atingir a obrigação legal ou regulatória. A título de exemplo, citam-se as investigações que têm por objeto a apuração de indícios de atos lesivos à administração pública. Ora, como visto ao longo do tema, a investigação é procedimento necessário ao cumprimento das disposições da Lei Anticorrupção brasileira. Logo, materializa-se a hipótese de tratamento sob a hipótese de obrigação legal neste caso.

Paralelamente, é concebível que o objeto de apuração de uma investigação esteja relacionado a más condutas ou irregularidades que violem, exclusivamente, diretrizes internas da companhia – previstas em instrumentos como códigos de ética e conduta, políticas e procedimentos diversos. Neste caso, não há que se falar em tratamento para o cumprimento de obrigação legal ou regulatória. Há, no entanto, interesse legítimo da companhia em investigar tais indícios, restando evidente a hipótese de tratamento aplicável ao caso.

Estas espécies de investigações internas se enquadram no apoio da atividade do controlador – aqui figurado pela empresa que detém o controle dos dados pessoais dos empregados investigados – já que, como visto, o empregador pode ser responsabilizado por atos de seus empregados. Para que se valha desta hipótese, o controlador deverá (i) utilizar apenas dados estritamente necessários à investigação; (ii) adotar medidas para garantir a transparência em relação ao titular dos dados, respeitado o princípio da razoabilidade, isto é, desde que não prejudique o andamento das investigações; e (iii) realizar relatório de impacto a mando da autoridade nacional. Ademais, deve manter registro das operações, em observância ao artigo 37[69] da LGPD.

Todavia, cabe notar que o interesse legítimo não é hipótese aplicável ao tratamento de dados pessoais sensíveis. Em decorrência desta limitação, os dados sensíveis deverão ser afastados das operações decorrentes de investigações cuja apuração seja relativa a violações puramente internas, circunstância em que a hipótese cabível corresponde ao interesse legítimo.

[69] Art. 37. O controlador e o operador devem manter registro das operações de tratamento de dados pessoais que realizarem, especialmente quando baseado no legítimo interesse. (BRASIL, 2018.)

Adicionalmente, em linha com as boas práticas relativas ao tema de proteção de dados, caberá, para os casos de interesse legítimo, a condução de *Legitimate Interests Assessment* (LIA), que consiste em teste de quatro etapas para a checagem dos requisitos mínimos necessários à consumação do "legítimo interesse". Apoia-se, aqui, do modelo de avaliação[70] veiculado pelo *Information Comissioner's Office* (ICO), equivalente à Autoridade Nacional de Proteção de Dados (ANPD) brasileira.

A primeira fase do teste diz respeito à finalidade e legitimidade do interesse, em observância ao artigo 10, *caput* e I. O tratamento deve decorrer de finalidade legítima, isto é, que não seja proibida ou ilícita. E, ainda, de situação concreta. No caso das investigações internas, é necessário que haja indícios suficientes, e que seja feita estritamente para apuração das supostas condutas irregulares, bem como para resguardar a companhia.

A segunda fase diz respeito à necessidade do tratamento, em observância ao artigo 10, §1º. Além da comprovada necessidade – isto é, o tratamento de dados consistir na única hipótese legal para atingir a finalidade –, deve haver a menor utilização de dados possível, além da minimização de riscos, tornando o tratamento menos intrusivo.

A terceira fase é referente ao balanceamento do tratamento, em observância à boa-fé e o princípio da finalidade, previstos no artigo 6º, *caput*, e I[71], bem como demais aspectos do legítimo interesse. Aqui, caberá à companhia, na posição de controlador, respeitar o equilíbrio entre seus interesses legítimos e a legítima expectativa do empregado, na posição de titular dos dados, para que haja compatibilidade entre elas. Ademais, deve observar-se, primordialmente, eventual transposição e inobservância a direitos e liberdades fundamentais, como o direito ao trabalho[72].

70 Disponível em: <https://ico.org.uk/for-organisations/guide-to-data-protection/guide-to-the-general-data-protection-regulation-gdpr/legitimate-interests/how-do-we-apply-legitimate-interests-in-practice/> . Acesso em: 30 set. 2020.

71 Art. 6º As atividades de tratamento de dados pessoais deverão observar a boa-fé e os seguintes princípios: I – finalidade: realização do tratamento para propósitos legítimos, específicos, explícitos e informados ao titular, sem possibilidade de tratamento posterior de forma incompatível com essas finalidades; [...] (BRASIL, 2018.)

72 "Art. 6º São direitos sociais a educação, a saúde, a alimentação, o trabalho, a moradia, o transporte, o lazer, a segurança, a previdência social, a proteção à maternidade e à infância, a assistência aos desamparados, na forma desta Constituição." "Art. 7º São direitos dos

A quarta e última fase diz respeito às salvaguardas. Nesta etapa, ocorre a instrumentalização das etapas anteriores. Deve-se garantir transparência dos dados coletados e tratados durante a investigação, no limite do que for necessário compartilhar com o investigado, a fim de que o procedimento não reste prejudicado. Além disso, é essencial que sejam proporcionados e viabilizados mecanismos de oposição ao tratamento, por parte do titular, o que não vigoraria na hipótese de investigação interna, já que iria contra os próprios fins desta. E, finalmente, garantir a mitigação de riscos, a exemplo da anonimização de dados[73], ou ferramentas que minimizem riscos de incidentes de segurança.

Há que se atentar, ainda, a outras disposições ao longo do texto legal. As limitações da LGPD às investigações internas não estão restritas apenas aos princípios e às hipóteses de tratamento, discorridos até aqui. A LGPD traz, em sua redação, a necessidade de adequações estruturais às empresas e à toda sociedade, não apenas a procedimentos e processos inseridos num contexto corporativo.

A título de exemplo, cita-se o dever de elaboração de relatório de impacto à proteção de dados pessoais, que poderá ser determinado pela ANPD. Ou, ainda, a necessidade de observância dos pressupostos para que os dados pessoais sofram transferência internacional – contexto muito presente em investigações internas, seja em razão da localidade dos agentes envolvidos ou em razão do armazenamento de documentos e dados pessoais por meio de computação em nuvem.

Conforme demonstrado, as investigações internas não perdem espaço com a entrada em vigor da LGPD. Pelo contrário, estas passam a ser resguardadas por norma de proteção de dados, conjuntura em que os agentes e titulares envolvidos conhecem os deveres e direitos, evitando-se o tratamento de forma desordenada e ausência de segurança jurídica.

trabalhadores urbanos e rurais, além de outros que visem à melhoria de sua condição social: I – relação de emprego protegida contra despedida arbitrária ou sem justa causa, nos termos de lei complementar, que preverá indenização compensatória, dentre outros direitos; [...]" (BRASIL, 1988.)

[73] Art. 5º Para os fins desta Lei, considera-se: [...] III – dado anonimizado: dado relativo a titular que não possa ser identificado, considerando a utilização de meios técnicos razoáveis e disponíveis na ocasião de seu tratamento; [...] (BRASIL, 2018.)

Para além dos princípios e hipóteses de tratamento da LGPD, as investigações internas são diretamente impactas por copiosas disposições ao longo do texto legal.

Conclusões

A instituição dos Programas de *Compliance* ou de Integridade perante o ordenamento jurídico brasileiro passou a prever diretrizes e mecanismos de combate à corrupção, dentre eles um instrumento reiteradamente utilizado, ainda que sem previsão normativa: as investigações internas. O instrumento que surge como aliado à debilidade do Estado, e em prol da transparência, no entanto, apresenta ameaças aos direitos dos investigados, caso não sejam observadas, pelo menos, as limitações legais aqui tratadas.

O primeiro e principal limite que obstaculiza as investigações internas é a privacidade como direito fundamental. Ao mesmo tempo em que as investigações são legítimas e fomentam a integridade corporativa, os empregados, na posição de investigados, devem ter sua esfera privada respeitada. De outra maneira, é essencial que as ações individuais aplicadas pelas investigações não violem o direito à privacidade, garantia constitucional no sistema normativo pátrio. No entanto, a relação de emprego relativiza a garantia constitucional do direito à privacidade, que não é, nestes casos, absoluta.

Nesta perspectiva, a jurisprudência da Justiça do Trabalho, conforme visto, tem evoluído no sentido de que as ferramentas de trabalho, *e.g.* computadores, celulares etc., providas pelo empregador decorrem da relação de emprego e operam como facilitadores das atividades laborativas, visando atender estas. Com efeito, não deve haver razoável expectativa de privacidade por parte do empregado ao utilizar tais ferramentas, vez que estas não visam atender necessidades pessoais destes indivíduos, mas, sim, em favor da companhia.

O segundo limite que reprime a atuação desenfreada das investigações internas concerne à proteção dos dados dos investigados. Tal baliza não encontrava previsão normativa que relacionasse a dita problemática. Com o advento da Lei Geral de Proteção de Dados, esta passa a ser utilizada como marco legislativo em relação à matéria.

No que tange às investigações internas, éstas encontram guarida para tratamento dos dados pessoais sob duas hipóteses: para o cumprimento de obrigação legal ou regulatória; e quando necessário para atender os interesses legítimos do controlador ou terceiro – a depender nas particularidades e fins presentes na investigação em questão.

Em apertada síntese, as investigações internas possuem importantes limitações a serem observadas. Os dois limites jurídicos apresentados pela presente pesquisa, quais sejam (i) em relação à privacidade como direito fundamental do homem e (ii) em relação à proteção de dados do investigado, devem ser observados durante a condução de uma investigação interna – ressalvadas as particularidades que relativizam tais direitos –, de sorte que não violem garantias constitucionalmente conquistadas ao longo do progresso da humanidade e do Direito.

Referências

ABBOTT, John. London 2012: the Olympics will be the ultimate test for the Bribery Act. *The Telegraph*. Londres, 2010. Disponível em: <https://www.telegraph.co.uk/finance/london-olympics-business/8207500/London-2012-the-Olympics-will-be-the-ultimate-test-for-the-Bribery-Act.html>. Acesso em: 29 ago. 2020.

ASSI, Marcos. *Gestão de Compliance e seus desafios*. 1. ed. São Paulo, SP: Saint Paul, 2013.

BAPTISTALUZ. *Proteção de dados – a legislação vigente no Brasil*. São Paulo, 2017. Disponível em: <http://baptistaluz.com.br/wp-content/uploads/2017/11/Privacy-Hub-Leis-Setoriais.pdf>. Acesso em: 30 set. 2020.

BIJOS, Leila; NÓBREGA, Antonio Carlos Vasconcellos. *Suborno transnacional: A nova realidade normativa brasileira. Revista de Informação Legislativa (RIL)*, Brasília, v. 207, n. 52, p.239-259, jul. 2015. Disponível em: <http://www2.senado.gov.br/bdsf/handle/id/515196>. Acesso em: 20 jun. 2020.

BIONI, Bruno Ricardo. *Proteção de Dados Pessoais – A Função e os Limites do Consentimento*. 1. ed. São Paulo: Forense, 2018.

BLOCK, Marcella. *Compliance e Governança Corporativa*. 1. ed. Rio de Janeiro: Editora Freitas Bastos, 2017. 290 ISBN 9788579872822.

BOURTIN, Nicolas et al (Ed.). *The International Investigations Review*. 8. ed. Londres: Law Business Research Ltd, 2018.

BRASIL. Câmara dos Deputados. Câmara aprova projeto que muda cadastro positivo, mas falta votar destaques. Brasília, 2018. Disponível em: <http://www2.camara.leg.br/camaranoticias/noticias/POLITICA/557117-CAMARA-APROVA-PROJETO-QUE-MUDA-CADASTRO-POSITIVO,-MAS-FALTA-VOTAR-DESTAQUES.html>. Acesso em: 30 set. 2020.

BRASIL. CGU. *Programa de Integridade – Diretrizes para Empresas Privadas*. Brasília, 2015. Disponível em: <http://www.cgu.gov.br/Publicacoes/etica-e-integridade/arquivos/programa-de-integridade-diretrizes-para-empresas-privadas.pdf>. Acesso em: 15 set. 2020.

BRASIL. *Constituição*, 1988. Constituição: República Federativa do Brasil. Brasília: Senado Federal, 1988. Disponível em: <http:www.planalto.gov.br/ccivil_03/ constituição/constituicaocompilado.htm>. Acesso em: 27 set. 2020.

BRASIL. Decreto nº 3.678, de 30 de novembro de 2000. *Diário Oficial da União*. Brasília, DF, 30 nov. 2000. Disponível em: <http://www.planalto.gov.br/ccivil_03/decreto/D3678.htm>. Acesso em: 29 ago. 2020.

BRASIL. Decreto nº 4.410, de 07 de outubro de 2002. *Diário Oficial da União*. Brasília, DF, 7 nov. 2002. Disponível em: <http://www.planalto.gov.br/ccivil_03/decreto/2002/D4410.htm>. Acesso em: 29 ago. 2020.

BRASIL. Decreto nº 5.687, de 31 de janeiro de 2006. *Diário Oficial da União*. Brasília, DF, 31 jan. 2006. Disponível em: <http://www.planalto.gov.br/ccivil_03/_Ato2004-2006/2006/Decreto/D5687.htm>. Acesso em 30 ago. 2020.

BRASIL. Decreto nº 8.420, de 18 de março de 2015. *Diário Oficial da União*. Brasília, DF, 18 mar. 2015. Disponível em: <http://www.planalto.gov.br/ccivil_03/_Ato2015-2018/2015/Decreto/D8420.htm>. Acesso em: 01 set. 2020.

BRASIL. Decreto-lei nº 2.848, de 07 de dezembro de 1940. *Diário Oficial da União*. Rio de Janeiro, RJ, 7 dez. 1950. Disponível em: <http://www.planalto.gov.br/ccivil_03/decreto-lei/del2848.htm>. Acesso em: 27 set. 2020.

BRASIL. Lei nº 10.406, de 10 de janeiro de 2002. *Diário Oficial da União*. Brasília, DF, 10 jan. 2002. Disponível em: <http://www.planalto.gov.br/ccivil_03/leis/2002/l10406.htm>. Acesso em: 27 set. 2020.

BRASIL. Lei nº 12.846, de 01 de agosto de 2013. *Diário Oficial da União*. Brasília, DF, 1 ago. 2013. Disponível em: <http://www.planalto.gov.br/ccivil_03/_ato2011-2014/2013/lei/l12846.htm>. Acesso em: 01 set. 2020.

BRASIL. Lei nº 12.965, de 23 de abril de 2014. *Diário Oficial da União*. Brasília, DF, 23 Abr. 2014. Disponível em: <http://www.planalto.gov.br/ccivil_03/_ato2011-2014/2014/lei/l12965.htm>. Acesso em: 30 set. 2020.

BRASIL. Lei nº 13.608, de 10 de janeiro de 2018. *Diário Oficial da União*. Brasília, DF, 10 jan. 2020. Disponível em: <http://www.planalto.gov.br/ccivil_03/_Ato2015-2018/2018/Lei/L13608.htm>. Acesso em: 20 set. 2020.

BRASIL. Lei nº 13.709, de 14 de agosto de 2018. *Diário Oficial da União*. Brasília, DF, 14 ago. 2020. Disponível em: <http://www.planalto.gov.br/ccivil_03/_Ato2015-2018/2018/Lei/L13709.htm>. Acesso em: 30 set. 2020.

BRASIL. Lei nº 8.906, de 04 de julho de 1994. *Diário Oficial da União*. Brasília, DF, 4 jul. 1994. Disponível em: <http://www.planalto.gov.br/ccivil_03/Leis/L8906.htm>. Acesso em: 25 set. 2020.

BRASIL. Lei nº 9.296, de 24 de julho de 1996. *Diário Oficial da União*. Brasília, DF, 24 jul. 1996. Disponível em: <http://www.planalto.gov.br/ccivil_03/LEIS/L9296.htm>. Acesso em: 27 set. 2020.

BRASIL. Ministério Da Indústria, Comércio Exterior e Serviços. Instituto Nacional da Propriedade Industrial. *Manual do Usuário para o Registro Eletrônico de Programas de*

Computador. Rio de Janeiro, 2018. Disponível em: <http://www.inpi.gov.br/menu-servicos/arquivos-programa-de-computador/ManualdoUsurioV1.8.1.pdf> Acesso em: 25 set. 2020.

BRASIL. *PL 6.826/2010*. Brasília, 2010. Disponível em: <http://www.camara.gov.br/proposicoesWeb/prop_mostrarintegra?codteor=735505&filename=Tramitacao-PL+6826/2010>. Acesso em: 30 ago. 2020.

BRASIL. Tribunal Regional do Trabalho 18. *16342009011180001 GO 01634-2009-011-18-00-1*. Relator: ALDON DO VALE ALVES TAGLIALEGNA. Goiânia, 2010. Disponível em: <https://trt-18.jusbrasil.com.br/jurisprudencia/18951543/1634200901118001-go-01634-2009-011-18-00-1/inteiro-teor-104209671?ref=juris-tabs>. Acesso em: 27 set. 2020.

BRASIL. Tribunal Superior do Trabalho. *RR – 61300-23.2000.5.10.0013*. Relator Ministro: João Oreste Dalazen, Data de Julgamento: 18/05/2005, 1ª Turma. Brasília, 2005. Disponível em: <http://aplicacao5.tst.jus.br/consultaunificada2/inteiroTeor.do?action=printInteiroTeor&format=html&highlight=true&numeroFormatado=RR%20-%2061300-23.2000.5.10.0013&base=acordao&rowid=AAANGhAAFAAAgNcAAS&dataPublicacao=10/06/2005&localPublicacao=DJ&query=PROVA%20and%20ILÍCITA>. Acesso em: 27 set. 2020.

COELHO, Nuno M. M. S.; HERINGER, Helimara Moreira Lamounier. Foreign Corrupt Practices Act: Uma Breve Análise Da Lei Que Deu Origem Ao Combate Internacional Da Corrupção. *Revista Jurídica*, Curitiba, v. 01, n. 46, p.164-187, 2017. Disponível em: <http://revista.unicuritiba.edu.br/index.php/RevJur/article/view/2004>. Acesso em: 20 jun. 2020.

CORDEIRO, Carla Priscilla Barbosa Santos. A Corrupção sob um Prisma Histórico-Sociológico: Análise de suas Principais Causas e Efeitos. Revista Eletrônica *Direito e Conhecimento*, Arapiraca/al, v. 1, n. 2, p.67-93, jul. 2017. Disponível em: <http://revistas.cesmac.edu.br/index.php/dec/article/view/670>. Acesso em: 30 jun. 2020.

COSTA JÚNIOR, Paulo José da. *Agressões à intimidade: o episódio Lady Di*. 1. ed. São Paulo: Melhoramentos, 1997.

DELGADO, Mauricio Godinho. *Curso de direito do trabalho*. 14. ed. São Paulo: LTr, 2015.

ENCCLA. *O que é o whistleblower*. Brasília, 2016. Disponível em: <http://enccla.camara.leg.br/noticias/o-que-e-o-whistleblower>. Acesso em: 20 set. 2020.

FOLHA. *Nova Regra de Privacidade Online na Europa entra em Vigor Hoje*. São Paulo, 2018. Disponível em: <https://www1.folha.uol.com.br/mercado/2018/05/nova-regra-de-privacidade-online-na-europa-entra-em-vigor-hoje.shtml> Acesso em: 30 set. 2020.

FRANÇA. *Resolução nº C(96)27, de 17 de abril de 1996*. Recommendation Of The Council On The Tax Deductibility Of Bribes To Foreign Public Officials. Paris, 1996. Disponível em: <http://www.oecd.org/officialdocuments/publicdisplaydocumentpdf/?doclanguage=en&cote=c(96)27/final>. Acesso em: 29 ago. 2020.

FURTADO, Celso. *Desenvolvimento e subdesenvolvimento*. 5. ed. Rio de Janeiro: Contraponto, Centro Internacional Celso Furtado, 2009.

HATCHARD, J. *Combating the Bribery of Foreign Public Officials: The Impact of the UK Bribery Act. Law and Development Review*, Buckingham, U. K., v. 4, p. 285, 2010. Disponível em: <http://

www.degruyter.com/view/j/ldr.2011.4.issue-3/1943-3867.1139/1943-3867.1139.xml?format=INT>. Acesso em: 29 ago. 2020.

INSTITUTO BRASILEIRO DE GOVERNANÇA CORPORATIVA. *Compliance à luz da governança corporativa.* São Paulo: IBGC, 2017. Disponível em: <http://www.ibgc.org.br/userfiles/files/Publicacoes/IBGC_Orienta/Publicacao-IBGCOrienta-ComplianceSobaLuzDaGC-2017.pdf>. Acesso em: 15 set. 2020.

JUNGMANN, Mariana. Senado aprova Lei Anticorrupção para punir empresas que cometem crimes contra a administração pública. *Empresa Brasil de Comunicação.* Brasília, 2013. Disponível em: <http://memoria.ebc.com.br/agenciabrasil/noticia/2013-07-04/senado-aprova-lei-anticorrupcao-para-punir-empresas-que-cometem-crimes-contra-administracao-publica>. Acesso em: 30 ago. 2020.

MENDES, Gilmar Ferreira; BRANCO, Paulo Gustavo Gonet. *Curso de direito constitucional.* 10. ed., rev. e atual. São Paulo: Saraiva, 2015.

NEVES, Edmo Colnaghi. *Compliance empresarial – o tom da liderança.* 1. ed. São Paulo: Trevisan, 2018.

OAB. *Código de Ética e Disciplina da Ordem dos Advogados do Brasil.* Brasília, 2015. Disponível em: <http://www.oab.org.br/arquivos/resolucao-n-022015-ced-2030601765.pdf> Acesso em: 25 set. 2020.

OECD – Organization for Economic Co-operation and Development. *CleanGovBiz: Integrity* in. Practice. Paris, 2014. Disponível em: <https://www.oecd.org/cleangovbiz/49693613.pdf>. Acesso em: 04 set. 2020.

OSÓRIO, Fábio Medina. *Direito administrativo sancionador.* 1. ed. São Paulo: Revista dos Tribunais, 2000.

PAGOTTO, Leopoldo; Oliviera, Naiara de. *Proteger dados ou combater corrupção.* São Paulo, 2018. Disponível em: <https://www.valor.com.br/legislacao/5818305/proteger-dados-ou-combater-corrupcao>. Acesso em: 30 set. 2020.

PINHEIRO, Patricia Peck. *Proteção de Dados Pessoais: Comentários à Lei n. 13.709/2018 (LGPD).* 1. ed. São Paulo: Saraiva, 2018.

ROXIN, Claus. *Introdução ao Direito Penal e ao Direito Processual Penal.* 31. ed. Belo Horizonte: Editora Del Rey, 2007.

SALBU, S. R. Bribery in the Global Market: a Critical Analysis of the Foreign Corrupt Practices Act. *Washington and Lee Law Review*, v. 54, n. 1, article 6, p. 229-289, 1997. Disponível em: <http://scholarlycommons.law.wlu.edu/cgi/viewcontent.cgi?article=1611&context=wlulr>. Acesso em: 29 ago. 2020.

SILVA, José Afonso da. *Curso de direito constitucional positivo.* 38. ed., rev. e atual. São Paulo: Malheiros, 2015.

SILVEIRA, Renato de Mello Jorge; DINIZ, Eduardo Saad. *Compliance, direito penal e lei anticorrupção.* 1. ed. São Paulo: Saraiva, 2015.

SIMÃO, Valdir Moysés; VIANNA, Marcelo Pontes. O Acordo de Leniência na Lei Anticorrupção: histórico, desafios e perspectivas. São Paulo: Trevisan, 2017., p. 29, *apud* SANTOS, José Anacleto Abduch et. al. *Comentários à Lei 12.846: Lei anticorrupção.* 2. ed. rev., atual. e ampl. São Paulo: Revista dos Tribunais, 2015.

SIMÓN, Sandra Lia. *A Proteção Constitucional da Intimidade e da Vida Privada do Empregado.* 1. ed. São Paulo: Ltr, 2000.

SPEHL, Stephan; GRUETZNER, Thomas (Ed.). *Corporate Internal Investigations:* Overview of 13 jurisdictions. Oxford: Hart Publishing, 2013.

THE WASHINGTON POST. *Watergate: The Unfinished Business.* Washington, 1973. Disponível em: <http://www.washingtonpost.com/wp-dyn/content/article/2005/06/16/AR2005061600885.html>. Acesso em: 20 jun. 2020.

TRUFFI, Renan. Por vaga na OCDE, governo articula criar órgão para proteção de dados na internet. *Estadão.* São Paulo, 2018. Disponível em: <https://economia.estadao.com.br/noticias/geral,por-vaga-na-ocde-governo-articula-criar-orgao-para-protecao-de--dados-na-internet,70002266200>. Acesso em: 30 set. 2020.

UNITED KINGDOM. *Sample LIA template.* Chesire, 2018. Disponível em: <https://ico.org.uk/media/for-organisations/forms/2258435/gdpr-guidance-legitimate-interests--sample-lia-template.docx>. Acesso em: 30 set. 2020.

Causas Excludentes de Responsabilidade da Empresa frente ao Poder Sancionador da Autoridade Coatora da Lei Geral de Proteção de Dados

Amanda Nunes Ronha
Elysabete Acioli Monteiro Diogo

Introdução

A Lei Geral de Proteção de Dados, Lei 13.709 de 14 de agosto de 2018, vêm tomando seu espaço com a iminente necessidade de adequação das empresas com o objetivo de se respeitar a privacidade dos dados que circulam na Sociedade da Informação.

Esta nova Sociedade teve o seu amadurecimento com o avanço da Sociedade do Conhecimento ou Nova Economia que surgiu no final do Século XX, com origem do termo Globalização e avançou com o uso da Internet.

A Globalização por sua vez expandiu e continua a expandir trazendo inúmeros avanços na era tecnológica e novos fenômenos já são considerados como a Nova Revolução Industrial ou Revolução 4.0 como apontam os estudos e fatos da atualidade. No entanto, apesar de toda essa transformação, o cientista jurídico continua a ser a base de estudo para essa revolução, ou seja, onde quer que haja um fenômeno jurídico, há, sempre e necessariamente, um fato decorrente de reflexos econômicos, geográficos, demográficos e políticos, sendo que tais fatos não existem separados um dos outros, mas coexistem numa unidade concreta.

Por isso, não distante da Revolução 4.0 que já vivemos na Sociedade e no Direito, os cientistas da Ciência Jurídica e da Sociedade têm por obrigação avançar com novas pesquisas e estudos, tomando por base os fatos novos, agregando valor e a correta aplicação da Norma aos fatos concretos.

Nesse cenário, considerando que a tecnologia possui um avanço muito maior do que o Direito, novas práticas já foram incorporadas na Sociedade e hoje se faz a necessidade de estudar e formalizar novas regras e normas que serão aplicadas ao Direito da Sociedade da Informação, à essa nova era denominada cibernética, principalmente no que se refere à proteção dos dados, o quanto a Tecnologia poderá ser parceira do Direito para garantir a efetividade da LGPD.

Sabe-se que certas regras de segurança da informação já se encontram formalizadas em formato de normas técnicas e governança corporativa as quais bastam o comprometimento de aplicação na realidade fática através de metodologias de planejamento, aplicação, controle e ação para o alcance da chamada melhoria contínua, mentalidade e comportamento praticado quando se estabelece um sistema de gestão.

Diante de todo esse avanço tecnológico o Direito não pôde comportar que os fatos fossem sofrendo mutações e não houvessem adaptações necessárias da legislação quanto ao tema, por isso, Leis foram promulgadas e estudos avançam dia após dia com o objetivo de garantir a efetividade da norma, pois caso contrário teremos a "letra da lei morta".

O tema que gerou inicialmente uma situação fática e prática ganhou uma repercussão mundial no mundo jurídico, fazendo com quem o estudo da analogia e do surgimento de uma nova regulamentação nunca estivesse tão próximo do cidadão e das sociedades empresariais, por isso o Legislador entendendo o avanço da Sociedade da Informação se preocupou em editar uma norma que regulamentaria a segurança dos dados e informações, ou seja, todos aqueles que as detiverem deverão se adequar e apresentar meios para a proteção, sigilo e privacidade dos dados sob pena de aplicação de multa.

Nesse mesmo texto legal o legislador trouxe a figura da Autoridade Nacional de Proteção de Dados que terá a função de fiscalizar a correta segurança dos dados, no entanto, por uma lacuna da lei, não há um critério objetivo sobre como as empresas deverão se preparar para que não sofram as penalidades impostas pela ANPD, há apenas um rol de boas práticas e governança que as empresas poderão formular a seu critério.

Por isso, o propósito desse artigo é estudar e demonstrar meios que possam contribuir para uma segurança da informação corporativa e para possíveis hipóteses de exclusão de responsabilidade da empresa frente ao poder sancionador da Autoridade Nacional de Proteção de Dados (ANPD).

1. Da responsabilidade

A Lei Geral de Proteção de Dados trata sem seus artigos 42 a 45 do regime de responsabilidade e ressarcimento de danos decorrentes quando da prática de atos que violem a referida Lei.

Com efeito, o art. 39 da LGPD prevê, basicamente, que o operador deverá realizar o tratamento de dados seguindo as instruções fornecidas pelo controlador. O controlador por sua vez, orientará o operador baseado nas regras e hipóteses trazidas pela Autoridade Nacional de Proteção de Dados, se estas forem omissas, ficarão, o controlador e o operador a mercê da ANPD, o que não é possível aceitar frente a um tema de extrema relevância.

O art. 42 estabelece a obrigação de reparação de danos ocasionados pelo controlador ou operador que, em razão do exercício de atividade de tratamento de dados pessoais irregular ou violar a lei.

> Art. 42. O controlador ou o operador que, em razão do exercício de atividade de tratamento de dados pessoais, causar a outrem dano patrimonial, moral, individual ou coletivo, em violação à legislação de proteção de dados pessoais, é obrigado a repará-lo.
> § 1º A fim de assegurar a efetiva indenização ao titular dos dados:
> I – o operador responde solidariamente pelos danos causados pelo tratamento quando descumprir as obrigações da legislação de proteção de dados ou quando não tiver seguido as instruções lícitas do controlador, hipótese em que o operador equipara-se ao controlador, salvo nos casos de exclusão previstos no art. 43 desta Lei;
> II – os controladores que estiverem diretamente envolvidos no tratamento do qual decorreram danos ao titular dos dados respondem solidariamente, salvo nos casos de exclusão previstos no art. 43 desta Lei.

> § 2º O juiz, no processo civil, poderá inverter o ônus da prova a favor do titular dos dados quando, a seu juízo, for verossímil a alegação, houver hipossuficiência para fins de produção de prova ou quando a produção de prova pelo titular resultar-lhe excessivamente onerosa.
> § 3º As ações de reparação por danos coletivos que tenham por objeto a responsabilização nos termos do caput deste artigo podem ser exercidas coletivamente em juízo, observado o disposto na legislação pertinente.
> § 4º Aquele que reparar o dano ao titular tem direito de regresso contra os demais responsáveis, na medida de sua participação no evento danoso.

Observa-se que que no art. 42, §1º, é configurada a hipótese de responsabilidade solidária entre os agentes de tratamento de dados. Nessa linha, conforme o inciso I do §1º do referido artigo, os operadores de dados pessoais poderão ser solidariamente responsabilizados entre si, nos casos em que haja mais de um operador e estes venham a descumprir as regras de adequação à LGPD quando do tratamento de dados pessoais, havendo inclusive o direito de regresso entre esses conforme indicado no §4 do mesmo diploma legal.

O conceito de tratamento irregular de dados se encontra no art. 44, o qual prevê que tal tratamento será irregular quando deixar de observar a legislação ou quando não fornecer a segurança que o titular de dados dele poderia esperar.

> Art. 44. O tratamento de dados pessoais será irregular quando deixar de observar a legislação ou quando não fornecer a segurança que o titular dele pode esperar, consideradas as circunstâncias relevantes, entre as quais:
> I – o modo pelo qual é realizado;
> II – o resultado e os riscos que razoavelmente dele se esperam;
> III – as técnicas de tratamento de dados pessoais disponíveis à época em que foi realizado.
> Parágrafo único. Responde pelos danos decorrentes da violação da segurança dos dados o controlador ou o operador que, ao deixar de adotar as medidas de segurança previstas no art. 46 desta Lei, der causa ao dano.

O controlador de dados poderá ser responsabilizado em caso de concessão de instruções ilícitas ao operador, ou em caso de prática direta de atos que venham a violar a LGPD. O operador por sua vez poderá ser responsabilizado pelos seus atos, ou pela desobediência à ordens do controlador.

No entanto, a grande questão é que, o Controlador somente poderá dar ordens ao operador quando seguro de que tais orientações seguem os padrões de governança e boas práticas, além dos padrões de segurança da informação que serão exigidos pela Autoridade Nacional de Proteção de Dados quando referenciados no art. 46 da Lei, as quais estão omissas.

> Art. 46. Os agentes de tratamento devem adotar medidas de segurança, técnicas e administrativas aptas a proteger os dados pessoais de acessos não autorizados e de situações acidentais ou ilícitas de destruição, perda, alteração, comunicação ou qualquer forma de tratamento inadequado ou ilícito.

No artigo 43, prevê as exceções de ausência de responsabilidade:

> Art. 43. Os agentes de tratamento só não serão responsabilizados quando provarem:
>
> I – que não realizaram o tratamento de dados pessoais que lhes é atribuído;
>
> II – que, embora tenham realizado o tratamento de dados pessoais que lhes é atribuído, não houve violação à legislação de proteção de dados; ou
>
> III – que o dano é decorrente de culpa exclusiva do titular dos dados ou de terceiro.

Tendo o controlador e o operador de dados adotado as melhores técnicas de proteção dos sistemas cibernéticos, demonstrando governança e boas práticas, principalmente com adoção das medidas que deverão ser indicadas pela Autoridade Nacional de Proteção de Dados, caso a invasão resulte de técnicas inovadoras, as quais forem capazes de superar e burlar as medidas de segurança eficientemente adotadas, deverá ser admitida a excludente de responsabilidade por fato de terceiro.

Nesse sentido, tem-se uma grande discussão doutrinária a respeito de que tipo de responsabilidade será aplicada pela Lei Geral de Proteção de Dados e pela Autoridade Nacional de Proteção de Dados, se objetiva ou subjetiva.

Há estudos que defendem se tratar de responsabilidade objetiva, vez que, por se tratar em sua maioria de relações de hipossuficiência, não haveria a necessidade de comprovar a culpa do controlador ou do operador, em contrapartida, há uma outra parte da doutrina que defende se tratar de responsabilidade subjetiva, devendo a culpa ser devidamente demonstrada e comprovada.

O legislador foi omisso nesse ponto, assim como a Lei que criou a Autoridade Nacional de Proteção de Dados, nada se manifestou nesse sentido, por isso, diante da omissão legislativa, cabe à doutrina e aos Cientistas Jurídicos, cumprir a sua função interpretadora da Lei, trazendo um debate coerente para a prática da Lei, formando uma jurisprudência coerente com o espírito que a Lei trouxe para a Sociedade da Informação.

No entanto, aponta Diogo Ramos Ferreira (2019) que o entendimento majoritário da doutrina atual é no sentido de que a responsabilidade dos agentes de tratamento de dados pelos danos causados aos titulares é, em regra, subjetiva.

Porém, deve-se ter em mente que, em determinados casos, a responsabilidade do operador e/ou do controlador de dados será objetiva, naquelas hipóteses em que a relação entre tais agentes de tratamento e o titular dos dados pessoais for de consumo, a violação à legislação de proteção de dados acarretará a aplicação dos institutos do fato do produto ou fato do serviço, sendo a responsabilidade objetiva. Aliás, nessa linha é o próprio art. 45 da LGPD.

Além da hipótese acima, em razão de sua natureza ou elementos que apresentem graves riscos aos titulares dos dados, será aplicável a responsabilidade objetiva, em decorrência da teoria do risco criado, como por exemplo, quando estiverem sendo tratados dados de crianças, grupos vulneráveis ou de pacientes de um hospital.

Em regra, o ônus probatório acerca da existência dos elementos da responsabilidade civil é do titular de dados pessoais que foi lesado. Todavia, a LGPD, em seu art. 42, §2º, prevê a possibilidade de inversão do ônus da prova, em favor do titular de dados, principalmente naqueles casos que decorrem de relação de consumo ou que restarem uma relação de hipossuficiência.

Finalmente, além do operador e do controlador de dados pessoais, importante também destacar o regime de responsabilidade aplicável ao encarregado pelo tratamento de dados pessoais (mais conhecido como *Data Protection Officer – DPO*, em inglês).

Em regra, o encarregado não poderá ser responsabilizado por eventuais tratamentos de dados irregulares cometidos pelos controladores ou pelos operadores de dados pessoais. Os agentes de tratamento é quem são os responsáveis por garantir que a atividade de tratamento de dados estará sendo realizado nos parâmetros legais, daí porque a importância da Autoridade Nacional de Dados ser clara no seu entendimento quanto às práticas de governança e boas práticas, bem como, quanto às regras de Segurança da Informação, pois não poderão os controladores, operadores e encarregados correrem o risco de terem uma aplicação de penalidade por uma lacuna legislativa.

2. Das boas práticas e governança

Abordar o tema sobre causas excludentes de responsabilidade da empresa frente ao poder sancionador da Autoridade Coatora da Lei Geral de Proteção de Dados é uma missão que os Cientistas Jurídicos e Técnicos da Tecnologia terão a missão de traçar procedimentos e criar teses que deverão ir ao encontro para demonstrar a boa-fé do controlador e do operador.

A Lei Geral de Proteção de Dados traz em seu artigo 50 a possibilidade de a empresa demonstrar que possui uma governança e ações de boas práticas de mercado, as quais podem contribuir para demonstrar a ausência de culpa e a consequente exclusão da responsabilidade.

> Art. 50. Os controladores e operadores, no âmbito de suas competências, pelo tratamento de dados pessoais, individualmente ou por meio de associações, poderão formular regras de boas práticas e de governança que estabeleçam as condições de organização, o regime de funcionamento, os procedimentos, incluindo reclamações e petições de titulares, as normas de segurança, os padrões técnicos, as obrigações específicas para os diversos envolvidos no tratamento, as ações educativas, os mecanismos internos de supervisão e de mitigação de riscos e outros aspectos relacionados ao tratamento de dados pessoais.
>
> § 1º Ao estabelecer regras de boas práticas, o controlador e o operador levarão em consideração, em relação ao tratamento e aos dados, a natureza, o escopo, a finalidade e a probabilidade e a gravidade dos riscos e dos benefícios decorrentes de tratamento de dados do titular.
>
> § 2º Na aplicação dos princípios indicados nos incisos VII e VIII do caput do art. 6º desta Lei, o controlador, observados a estrutura, a escala e o volume de suas operações, bem como a sensibilidade dos dados tratados e a probabilidade e a gravidade dos danos para os titulares dos dados, poderá:
>
> I – implementar programa de governança em privacidade que, no mínimo:

a) demonstre o comprometimento do controlador em adotar processos e políticas internas que assegurem o cumprimento, de forma abrangente, de normas e boas práticas relativas à proteção de dados pessoais;
b) seja aplicável a todo o conjunto de dados pessoais que estejam sob seu controle, independentemente do modo como se realizou sua coleta;
c) seja adaptado à estrutura, à escala e ao volume de suas operações, bem como à sensibilidade dos dados tratados;
d) estabeleça políticas e salvaguardas adequadas com base em processo de avaliação sistemática de impactos e riscos à privacidade;
e) tenha o objetivo de estabelecer relação de confiança com o titular, por meio de atuação transparente e que assegure mecanismos de participação do titular;
f) esteja integrado a sua estrutura geral de governança e estabeleça e aplique mecanismos de supervisão internos e externos;
g) conte com planos de resposta a incidentes e remediação; e
h) seja atualizado constantemente com base em informações obtidas a partir de monitoramento contínuo e avaliações periódicas;
II – demonstrar a efetividade de seu programa de governança em privacidade quando apropriado e, em especial, a pedido da autoridade nacional ou de outra entidade responsável por promover o cumprimento de boas práticas ou códigos de conduta, os quais, de forma independente, promovam o cumprimento desta Lei.
§ 3º As regras de boas práticas e de governança deverão ser publicadas e atualizadas periodicamente e poderão ser reconhecidas e divulgadas pela autoridade nacional.

A título de exemplo, há na Administração Pública, Autarquias que estabeleceram regras objetivas para a emissão de um CBPF (Certificado de Boas Práticas de Fabricação), como por exemplo a Anvisa, que emite Certificados para os Fabricantes Farmacêuticos classes terapêuticas especiais e/ou classes de risco de produtos para as quais a empresa foi inspecionada, ou seja, o órgão estabeleceu quais são os critérios necessários e obrigatórios a fim de garantir a perfeita industrialização de um produto, assim como, as agências certificadoras de qualidade.

Por isso, merece atenção o estudo da Sociedade da Informação e a proteção de dados, pois essa hipótese diz respeito à proteção do maior ativo que uma pessoa física ou jurídica possa ter, como bem destacado pelos autores Marcelo Guerra Martins e outros, em seu artigo "Influência da *Common Law* na implantação dos precedentes judiciais vinculantes no Brasil na era da Sociedade da Informação", em que destaca um trecho de uma tese defendida pelo Professor Roberto Senise Lisboa no seguinte sentido: "os ativos do conhecimento, isto é, o capital intelectual, passaram a ser mais importantes para as empresas que os ativos financeiros e físicos" e ainda nesse mesmo texto destaca Alvin Toffler que "a informação tornou-se talvez o negócio mais importante e que mais cresce no mundo".

Por essa e outras responsabilidades que a Autoridade Nacional de Proteção de Dados, deverá se imbuir não apenas de um poder sancionador, mas servir como um órgão consultivo de orientação para que estabeleçam critérios factíveis e atingíveis a fim de que as empresas possam seguir a intenção do Legislador.

Ainda em se tratando de boas práticas de governança, há que se considerar aquelas ditadas por normas técnicas internacionais, as *softlaw*, conhecidas também como as de "quase-direito", que não tem cunho jurídico obrigatório, mas carregam em si, regras de valor normativo, como as da série ABNT NBR ISO/IEC 27001 – Tecnologia da Informação – Técnicas de Segurança – Sistema de Gestão da Segurança da Informação – Requisitos, um verdadeiro manual de boas práticas, de caráter auditável e certificável.

Dentro do contexto desta norma, há aplicação de requisitos que visam garantir, por exemplo, dentre outros, o sistema de gestão da segurança da informação, apontar às autoridades responsabilidades e papéis organizacionais, previsão de ações para contemplar riscos e oportunidades, bem como avaliação de riscos de segurança da informação.

Tendo a avaliação dos riscos, tem-se o tratamento efetivo dos riscos detectados, pois uma vez os identificados e classificados, há maior eficácia em seu tratamento e neste sentido as empresas passarão, obrigatoriamente, a ter como prática constante além do mapeamento dos seus dados, também o consequente cumprimento de um requisito.

No que tange ao desenvolvimento de uma nova mentalidade empresarial, há estudos em que levam ao conceito e aplicação do que se entende por *privacy by design* e *privacy by default*[1], ou seja, em apertada síntese, quando os atores

[1] Conceito desenvolvido por Ann Cavoukian, em artigo *Privacy by Desing.* The *7 Foundational Principles. Implementaion an Mapping of Fair Information Pratices.*

desta sociedade da informação desenham mutuamente a privacidade à justa medida em que atendem as necessidades individuais e coletivas, entendendo aquelas que podem ser trabalhadas e aquelas que por padrão devem ser preservadas.

É a aplicação de princípios que através de metodologias, a exemplo as de *design thinking*[2], de aplicação que visam promover um ambiente e proatividade e prevenção diante de dados próprios e de terceiros, que procuram não remediar e sim prevenir por meio de mecanismos que atuam de forma proativa.

Considera a privacidade como definição padrão (*default*) e então pondera sobre a finalidade da informação, a sua coleção limitada, a sua minimização, as questões quanto ao uso, retenção e divulgação limitadas.

Além disso ainda considera a privacidade como algo embutido no design, além da funcionalidade cheia (total) da informação, considerando ainda o ciclo de vida da proteção de dados, além da sua visibilidade e transparência, ou seja, precisa ser passível de prestação de contas, acessível, e ser auditável (*compliance*).

É claro que o respeito a privacidade é o mote maior e com ele considera-se o consentimento (livre e expresso), a precisão do dado, a acessibilidade ao dado e a auditabilidade, ou seja, as organizações precisam estabelecer meios, ou seja, mecanismos de tratar e reparar reclamações com a devida demonstração de rastreabilidade do dado.

3. *Ciber* segurança e *compliance* digital

Com todo esse arcabouço de fatos do Século XXI, mais precisamente da década de 80 para cá, podemos dizer que o homem e a máquina se fundiram de fato, e hoje necessário buscar meios técnico-jurídicos para proteger a Sociedade da má –fé que sempre estiveram presentes no Direito e nesse novo cenário, não será diferente. Por isso a necessidade de se estruturar regras de *Compliance* para o âmbito da Tecnologia.

[2] Conjunto de ideias e insights para abordar problemas relacionados a futuras aquisições de informação, análises de conhecimento e propostas de solução. É uma forma de pensar, é um *design doing*, é o fazer através de ferramentas seja as quais o próprio negócio, o ser humano e a tecnologia.

O termo *Compliance* tem origem inglesa (*to comply*) que significa agir de acordo com uma regra, ou seja, o termo usual "estar em *Compliance*" é estar em conformidade com leis e regulamentos internos e externos os quais visam prevenir, detectar e responder a possíveis problemas de desvio entre as normas e leis estabelecidas e a prática da empresa. É através do *Compliance* que regras de governança e boas práticas serão estabelecidas não apenas no âmbito privado, mas essencialmente, no âmbito público através de regras estabelecidas pela Controladoria Geral da União, por exemplo, além de outros institutos legais e muitas vezes de práticas internacionais de mercado que regulamentam atos de improbidade e práticas de Governança Corporativa no âmbito Global.

Nesse sentido o *Compliance* Digital é o estudo necessário para aprofundar os conhecimentos jurídicos do universo Cibernético aplicado à Segurança da Informação, que nos dias atuais não se limitam a Internet mas a tudo que é considerado à era Cibernética ou Revolução 4.0, como por exemplo, a automatização, a inteligência artificial, a Internet das Coisas e várias outras nomenclaturas que o universo cibernético trouxe para a atualidade e já fazem parte da rotina da Sociedade.

Ao passo que Segurança da Informação ou também conhecida como Segurança Cibernética é a proteção dos dados de propriedade da empresa ou daquele que a possui através dos meios tecnológicos para tal proteção.

Nesse sentido estar em *Compliance* Digital significa dizer que a empresa ou o detentor daquela informação estão de acordo com todas as normas, regras e procedimentos técnicos-jurídicos que são estabelecidos para manter a segurança das informações e dados que compõe o patrimônio da empresa ou daquele que a possui.

O *Compliance* Digital está diretamente ligado à Segurança da Informação na medida em que o profissional da tecnologia terá que dizer o que fazer tecnicamente para garantir que os dados estejam devidamente protegidos de ataques cibernéticos ou que não serão utilizados e vazados de forma ilegal.

Por isso, o grande desafio da Autoridade Nacional de Proteção de Dados será fazer com que habilidades técnicas (direito e tecnologia) convirjam com um único objetivo, qual seja, preservar os dados.

Nesse sentido, por sua vez, a Segurança da Informação deverá apresentar métodos e regras que atendam tecnicamente a Lei Geral de Proteção de Dados e para isso a Lei Geral de Proteção de Dados deverá dizer quais são os critérios objetivos para estabelecer uma boa governança de proteção de dados, de modo que, sem essa definição a Autoridade Nacional não poderá aplicar qualquer penalidade pela ausência de materialidade ou tipicidade da norma.

A empresa por sua vez, até que a ANPD tome as providências necessárias para corrigir essa lacuna da Lei, deverá demonstrar procedimentos de governança e boas práticas conforme aqueles indicados no diploma legal da LGPD, além de outros relacionados Segurança da Informação, com o objetivo de demonstrar e provar a sua ausência de culpa quanto à eventual descumprimento da Lei, principalmente naquelas hipóteses em que se tratar de responsabilidade objetiva, eximindo-o de receber qualquer penalidade aplicada pela ANPD.

O *Compliance* Digital deverá ser um procedimento conhecido e exigido por todos, sejam pessoas físicas, jurídicas ou entidades governamentais.

A LGPD possui um capítulo específico sobre segurança e do sigilo de dados, assim destacado:

> Art. 46. Os agentes de tratamento devem adotar medidas de segurança, técnicas e administrativas aptas a proteger os dados pessoais de acessos não autorizados e de situações acidentais ou ilícitas de destruição, perda, alteração, comunicação ou qualquer forma de tratamento inadequado ou ilícito.
>
> § 1º A autoridade nacional poderá dispor sobre padrões técnicos mínimos para tornar aplicável o disposto no caput deste artigo, considerados a natureza das informações tratadas, as características específicas do tratamento e o estado atual da tecnologia, especialmente no caso de dados pessoais sensíveis, assim como os princípios previstos no caput do art. 6º desta Lei.
>
> § 2º As medidas de que trata o caput deste artigo deverão ser observadas desde a fase de concepção do produto ou do serviço até a sua execução.
>
> Art. 47. Os agentes de tratamento ou qualquer outra pessoa que intervenha em uma das fases do tratamento obriga-se a garantir a segurança da informação prevista nesta Lei em relação aos dados pessoais, mesmo após o seu término.
>
> Art. 48. O controlador deverá comunicar à autoridade nacional e ao titular a ocorrência de incidente de segurança que possa acarretar risco ou dano relevante aos titulares.
>
> § 1º A comunicação será feita em prazo razoável, conforme definido pela autoridade nacional, e deverá mencionar, no mínimo:
>
> I – a descrição da natureza dos dados pessoais afetados;

> II – as informações sobre os titulares envolvidos;
> III – a indicação das medidas técnicas e de segurança utilizadas para a proteção dos dados, observados os segredos comercial e industrial;
> IV – os riscos relacionados ao incidente;
> V – os motivos da demora, no caso de a comunicação não ter sido imediata; e
> VI – as medidas que foram ou que serão adotadas para reverter ou mitigar os efeitos do prejuízo.
> § 2º A autoridade nacional verificará a gravidade do incidente e poderá, caso necessário para a salvaguarda dos direitos dos titulares, determinar ao controlador a adoção de providências, tais como:
> I – ampla divulgação do fato em meios de comunicação; e
> II – medidas para reverter ou mitigar os efeitos do incidente.
> § 3º No juízo de gravidade do incidente, será avaliada eventual comprovação de que foram adotadas medidas técnicas adequadas que tornem os dados pessoais afetados ininteligíveis, no âmbito e nos limites técnicos de seus serviços, para terceiros não autorizados a acessá-los.
> Art. 49. Os sistemas utilizados para o tratamento de dados pessoais devem ser estruturados de forma a atender aos requisitos de segurança, aos padrões de boas práticas e de governança e aos princípios gerais previstos nesta Lei e às demais normas regulamentares.

Mais precisamente no § 1º do artigo 46, está claro que ANPD poderá dispor sobre padrões técnicos mínimos para tornar aplicável o disposto sobre a proteção dos dados, no entanto, a Lei é omissa em dizer quais são esses padrões, o que impossibilita a aplicabilidade efetiva da Lei.

Como já demonstrado, o mundo evoluiu para a era digital e ainda irá evoluir muito mais, como se pode notar no artigo publicado por Renato Opice Blum trazendo pontos abordados por Marlon Jabbur e Cesar Atilio da área de Forensics Technlogy and Discovery Services da Ernst & Young no Brasil:

> Atualmente a maioria dos dados gerados por uma empresa durante as suas atividades são dados digitais. (...) No futuro, esta tendência deve eliminar completamente a presença de documentos físicos nas empresas. A informatização das empresas traz um impacto direto na forma como os trabalhos de *Compliance* são realizados, pois, o relatório contendo os resultados do trabalho será suportado, em grande parte, por dados digitais que eventualmente poderão se tornar evidências digitais em processos legais.

Na obra apresentada pela Patrícia Peck Pinheiro (2016, p. 226) sobre Direito Digital que traz a visão do autor Antônio Everardo Nunes da Silva:

> (...) a falha humana é o principal motivo para darmos maior atenção à Segurança da Informação. Mesmo dentro do ambiente corporativo, ou até mesmo dentro da própria residência, é necessário ter cautela com os ativos e informações que são suscetíveis de vazamento. Dessa forma, devemos estar cada vez mais atentos e conscientes de que a informação é a moeda mais preciosa na era do conhecimento"

Não poderá a ANPD permitir que uma falha coloque em risco uma Sociedade que avança dia após dia no universo cibernético, inclusive colocando em risco regras de comércio internacional, vez que tal procedimento de proteção de dados é exigido por todos aqueles que desejarem comercializar com a União Europeia, por exemplo. Será seu dever estabelecer meios para proteger e trazer segurança à todos os anseios e medos de uma sociedade da informação que já vive a Revolução 4.0.

No que se refere a complementação de implementação de requisitos da norma anteriormente citada (ISO27001), ou seja, a busca do *Compliance* Digital, tem-se a trilha traçada por aquela norma, a organização pode ir além e contar também, para efeitos de garantia eficaz da implantação, através da ABNT NBR ISO/IEC 27004 – Tecnologia da Informação – Técnicas de Segurança – Sistemas de Gestão da Segurança da Informação – Monitoramento, Medição, Análise e Avaliação.

Neste documento, há os roteiros para aquele que praticará a implementação de *compliance* digital e deseja encontrar a justificativa para a necessidade de medição, a validade dos resultados, o que monitorar e medir, quando e quem monitorar, medir, analisar e avaliar, os tipos de medidas, as medidas de desempenho, as medidas de eficácia, os processos, a identificação das necessidades de informação, a criação e manutenção das medidas, bem como o seu desenvolvimento e atualização. Também são contemplados a documentação dessas medidas e sua priorização na implementação, manutenção da gestão de maneira informada e engajada, além do monitoramento e medição que possibilitem a análise dos resultados.

E ainda, serão analisadas as alocações de recursos, exposição de riscos, bem como análises críticas que propiciem melhoria prevendo ainda, eventuais custos relativos a incidentes de segurança da informação, prevendo ciclos de aprendizado para com tais incidentes, implementações de ações corretivas, verificação quanto a preparação contra engenharia social, qualidade de senhas, sejam manuais ou automáticas, análise crítica quanto aos direito de acesso do usuário, bem como análise de sua eficácia.

Modelos e proteções contra códigos maliciosos, verificação de *anti-malware*, regras de *firewall*, arquivos de *log*, teste de intrusão e análise de vulnerabilidade bem como configuração de dispositivos e reporte dos incidentes de segurança, entre outros também estão previstos nesta norma.

Abarcando este contexto, temos como boas práticas de governança, o Sistema Brasileiro de Avaliação da Conformidade (SBAC), que consiste em um programa de avaliação de atendimento de requisitos (conformidade) e que concede ao final de um ciclo um Certificado de Conformidade.

É uma conquista para a empresa que se submete a auditorias periódicas, trata suas não conformidades e promove a manutenção de seu sistema de gestão de segurança da informação. A auditoria é realizada por terceiro imparcial, por profissional qualificado que gera relatório de avaliação de cada requisito mencionado na norma técnica e que portanto, recomenda ou não a certificação. Assim, quem certifica não é o profissional e sim a instituição terceira, conferindo maior imparcialidade e assertividade ao processo de certificação.

No Brasil, o SBAC, foi criado pelo CONMETRO (Conselho Nacional de Metrologia, Normalização e Qualidade Industrial) nos anos de 1980, como um subsistema do Sinmetro (Sistema Nacional de Metrologia, Normalização e Qualidade Industrial) e é destinado ao desenvolvimento e coordenação das atividades de avaliação da conformidade.

Tem como princípios básicos em seus processos a confidencialidade; imparcialidade; isenção; acessibilidade a todos os interessados e com igual tratamento; transparência; independência; divulgação; educação e conscientização dos diferentes segmentos da sociedade.

O INMETRO (Instituto Nacional de Metrologia, Normalização e Qualidade Industrial) é a autarquia federal que atua como órgão acreditador e administrador do sistema e, portanto, já tem *know-how* para o exercício de um eventual programa, pois acredita Organismos de Avaliação da Conformidade (OAC) e que portanto, são os que conduzem mecanismos de avaliação da conformidade. Há tradicionalismo na aplicação dos mecanismos de avaliação da conformidade.

Esses OAC acreditados tem como competência o exercício e o acompanhamento das atividades de avaliação da conformidade em de acordo com os requisitos estabelecidos no âmbito do SBAC; executar as atividades de avaliação da conformidade no âmbito do SBAC, nos escopos que forem reconhecidos pelo organismo de acreditação; além de garantir que, se executar atividades de avaliação da conformidade fora do SBAC para um escopo credenciado pelo Organismo de Acreditação do SBAC, haja para o mercado clara e completa diferenciação das atividades[3].

Assim, protege-se o sistema, o consumidor e o usuário, os dados, e portanto, as informações, atuando ainda como um potente controlador de mercado. Isto porque informa e protege, considerando as premissas de saúde, segurança e meio ambiente, proporciona a concorrência de forma justa, estimulando a melhoria contínua dos processos, facilitando ainda o comércio internacional (internacionalidade), trabalhando consequentemente no fortalecimento do mercado interno.

Portanto, a avaliação da conformidade no Brasil se manifesta de maneira sistemática, padronizada, acompanhada e avaliada constantemente, propiciando o elemento confiança seja de um produto, processo ou serviço, pois atendem a regulamentos técnicos.

Conclusões

Diante de todo esse cenário apresentado, a responsabilidade civil dos agentes de tratamento de dados levantará emblemáticos e complexos debates, principalmente no âmbito dos tribunais até que se forme uma jurisprudência que vá ao encontro da Lei.

Por mais que o judiciário e o legislativo tenham avançado quanto ao estudo técnico-científico da implementação de técnicas ligadas à Segurança da Informação, é notório que grande parte do judiciário e do legislativo não conhecem e não estão preparados para lidar com as problemáticas que surgirão envolvendo a interpretação e aplicação da Lei Geral de Proteção de Dados,

[3] Termo de Referência do Sistema Brasileiro de Avaliação da Conformidade – SBAC: http://www.inmetro.gov.br/qualidade/comites/sbac_termo.asp

muito menos a Autoridade Nacional de Proteção de Dados no que tange à aplicação de penalidades.

Por isso, os cientistas jurídicos deverão estar atentos para que não ocorram atitudes arbitrárias e exageradas por parte da ANPD e a consequente formação de jurisprudência no que se refere a aplicação de penalidades irregulares e a utilização do poder sancionador de forma desvirtuada de sua função social.

Assim, entende-se que a combinação entre os mecanismos reativos e preventivos, ou seja, a aplicação da lei em sua modalidade sancionadora e as normas técnicas internacionais, bem como os mecanismos de avaliação da conformidade, tendem a ser o caminho para a garantia de uma sociedade mais segura e, portanto, mais confiante, causa de estabilidade nas relações sociais.

É uma forma de garantir, inclusive, a uma maior participação da sociedade, de forma ativa e eficiente e em termos de mecanismo e controles no que tange a comportamentos em meio ambiente digital.

Por tudo isso, vivemos uma nova era cibernética denominada Sociedade da Informação que simplesmente se instalou através dos usos e costumes, o seu avanço é exponencial, não é possível enxergar o seu desenrolar, vivemos nela, não sabemos onde terá o seu fim, apenas sabemos que todos precisam estar preparados e com um mínimo de segurança jurídica e tecnológica para a nova era da Revolução 4.0.

Referências

ASSOCIAÇÃO BRASILEIRA DE NORMAS TÉCNICAS. ABNT NBR ISO/IEC 27001: *Tecnologia da informação – Técnicas de Segurança – Sistemas de Gestão de Segurança da Informação* – Requisitos. Rio de Janeiro: ABNT. 2013.

ASSOCIAÇÃO BRASILEIRA DE NORMAS TÉCNICAS. ABNT NBR 27004:2017 – *Sistema de Gestão de Segurança da Informação – Monitoramento, medição, análise e avaliação*. Rio de Janeiro: ABNT. 2017.

BARRETO JUNIOR, Irineu Francisco. *Atualidade do Conceito Sociedade da Informação para a pesquisa jurídica*. In: PAESANI, Liliana Minardi (coord.). O Direito na Sociedade da Informação. São Paulo: Atlas, 2007.

BARRETO JUNIOR, Irineu Francisco. Dignidade da Pessoa Humana na Sociedade da Informação. In: SIMÃO FILHO, Adalberto, SENISE LISBOA, Roberto (coordenadores, organizadores e outros.). *O Direito na Sociedade da Informação*. São Paulo: Quartier Latin, 2012.

BARRETO JUNIOR, Irineu Francisco. Proteção da Privacidade e de Dados Pessoais na Internet: O Marco Civil da rede examinado com fundamento nas teorias de Zygmunt Bauman e Manuel Castells. In: DE LUCCA, Newton; SIMÃO FILHO, Adalberto; DE LIMA; Cintia Rosa Pereira. (Org.). *Direito & Internet III*. São Paulo: Quartier Latin, 2015. p. 100-127.

BAUMAN, Zygmunt. LYON, David. *Vigilância Líquida*. Rio de Janeiro. Editora Zahar. 2014.

BOBBIO, Norberto. Teoria Geral do Direito: tradução Denise Agostinetti. 3ª Ed. São Paulo: Martins Fontes, 2010.

CASTELLS, Manuel. *A sociedade em rede – A era da informação: economia, sociedade e cultura*; volume 1. Tradução: Jussara Simões. 6ª ed., São Paulo, 1999, p. 51.

CASTELLS, Manuel. *A comunicação em rede está revitalizando a democracia*. 2015. Disponível em:http://www.fronteiras.com/entrevistas/manuel-castells-a-comunicacao-em-rede--esta revitalizando-a-democracia. Acesso em: 20 mai. 2016.

CINTRA, Antonio Carlos de Araújo; DINAMARCO, Cândido Rangel; GRINOVER, Ada Pelegrine. *Teoria Geral do Processo*. 24. Ed. São Paulo: Malheiros, 2008.

IHERING, Rudolf von: Tradução João de Vasconcelos. *A Luta pelo Direito*. São Paulo: Martin Claret, 2009.

LUCCA, Newton De e SIMÃO FILHO, Adalberto (coordenadores e outros). *Direito e Internet – aspectos jurídicos relevantes*. Bauru/SP: Édipro, 2000.

PINHEIRO, Patrícia Peck. *Direito Digital*.6ª ED. São Paulo: Saraiva, 2016.

REALE, Miguel. *Lições Preliminares de Direito*. 25ED. São Paulo: Saraiva,2000.

SILVA, José Afonso da. *Curso de Direito Constitucional Privado*. 34ªEd. São Paulo: Malheiros, 2010.

SIMÃO FILHO, Adalberto. Sociedade da Informação e seu Lineamento Jurídico. In: PAESANI, Liliana Minardi (coord.). *O Direito na Sociedade da Informação*. São Paulo: Atlas, 2007.

BRASIL. Lei 13.709 de 14 de agosto de 2018. Lei Geral de Proteção de Dados Pessoais. Brasília: Planalto. Disponível em: http://www.planalto.gov.br/ccivil_03/_ato2015-2018/2018/lei/L13709.htm Acessado em 17 ago 2018.

Compliance digital: direito e tecnologia na gestão de riscos. Fortes Advogados. Disponível em http://www.fortesadvogados.com.br/blog/compliance-digital-direito-e-tecnologia--na-gestao-de-riscos/ Acesso em 20 jan 2020.

Data Protection Law of the World. Disponível em: https://www.dlapiperdataprotection.com/ Acesso em 07 set 2020.

FERREIRA, Diogo Ramos. Responsabilidade civil dos agentes de tratamento de dados: subjetiva ou objetiva? Disponível em https://www.jota.info/opiniao-e-analise/artigos/responsabilidade-civil-dos-agentes-de-tratamento-de-dados-subjetiva-ou-objetiva-20112019. Acesso em 20 mar 2020.

INMETRO – Instituto Nacional de Metrologia, Qualidade e Tecnologia. Disponível em: https://www.gov.br/inmetro/pt-br. Acesso em 07 set 2020.

OPICE BLUM, Renato. Compliance Digital, responsabilidade empresarial e segurança da informação. Disponível em https://opiceblum.com.br/nao-categorizado/compliance--responsabilidade-empresarial-e-seguranca-da-informacao/ Acesso em 20 jan 2020.

ROCHA, Gustavo. Compliance Digital, o que você sabe a respeito? Disponível em https://jus.com.br/artigos/69951/compliance-digital-o-que-voce-sabe-a-respeito. Acesso em 20 jan 2020.

SILVA, André Luiz R. Compliance Digital. Gestão de Riscos para além da LGPD. Disponível em https://blog.axur.com/pt/compliance-digital-gestao-de-riscos-para-alem-da-lgpd. Acesso em 20 jan 2020.

VALE JIMENE, Camila do. VAINZOF, Rony. 5 pontos fundamentais de Compliance Digital para seu programa de Compliance. Disponível em https://d335luupugsy2.cloudfront.net/cms/files/28354/1521065508Compliance_Digital.pdf. Acesso em 20 jan 2020.

Terceiro Setor e *Compliance*

Hector Luchesi

1. Terceiro Setor

"Terceiro Setor" é o termo que vem encontrando maior aceitação, dentre uma vasta gama de termos atualmente empregados para caracterizar a função deste setor da economia e suas organizações. O termo terceiro setor vem sendo empregado para denominar as iniciativas ou organizações oriundas da Sociedade Civil, de caráter não-governamental e não-lucrativo, cujas atividades direcionam-se a objetivos coletivos ou de interesse público, vale dizer, em muitas situações atividades complementares às atividades estatais.

Popularizado pelo crescimento da quantidade e impacto das instituições comumente referidas como Organizações Não Governamentais (ONGs), o Terceiro Setor no Brasil tem como suas principais formas societárias as Fundações e Associações. Também podemos citar a presença no Brasil e no mundo de Organizações Religiosas, Entidades Filantrópicas, Organizações de Assistência Social, que podem ser convertidas em Organizações da Sociedade Civil, Organizações da Sociedade Civil de Interesse Público e as Organizações Sociais, atendendo os requisitos legais para tal.

1.1 Conceito

Apenas há algumas décadas a divisão da ordem sociopolítica se pautava em dois setores primários, o público e o privado, comumente com interesses, campos de ação e características diferentes. O Setor Público era, e ainda é ocupado pelo Estado, que se encarrega da tutela dos interesses da coletividade. Aqui temos o que se denomina de Primeiro Setor. Enquanto no Setor Privado temos o Segundo Setor, o Mercado, que se caracteriza por visar a obtenção de lucro por meio da atividade econômica, de bens e serviços que geram e oferecem ou comercializam.

Com o passar dos anos este modelo foi confrontado com a necessidade de contemplação de um outro Setor, que, na verdade, já existia, porém não de forma organizada e reconhecida. O Terceiro Setor é um ente híbrido, que empresta características de ambos os setores já citados.

O desenvolvimento da economia e o progresso da sociedade como um todo geraram, em muitos casos, o surgimento ou alargamento de discrepâncias sociais, expondo falhas dos dois setores já brevemente citados. Do Primeiro Setor, principalmente em nações em desenvolvimento, fica evidente a incapacidade de atendimento pleno da população, muitas vezes em suas necessidades básicas e de provimento de requisitos mínimos de dignidade humana, como saneamento, saúde, educação, segurança, lazer e outros aspectos onde há uma evidente inação, deficiência e/ou omissão do Estado. E do Segundo Setor a busca desenfreada por lucro, que aumenta ainda mais o precipício social antes exposto. A ausência de integração do Setor Privado com o processo de desenvolvimento sustentável da sociedade e a ausência da dita Responsabilidade Social Empresarial exemplificam o descolamento do Segundo Setor frente ao mundo em que se insere. Por Responsabilidade Social Empresarial podemos entender que se trata de comprometimento permanente dos empresários de adotar um comportamento ético e contribuir para o desenvolvimento econômico, melhorando simultaneamente, a qualidade de vida de seus empregados e de suas famílias, da comunidade local e da sociedade como um todo". Também referido como cidadania empresarial

Terceiro Setor é a alcunha utilizada para nomear o macrossetor que engloba entidades originalmente particulares, que tem origem em membros da Sociedade Civil, oferecendo bens e serviços que são de interesse público, que inicialmente seriam de responsabilidade do Estado. Bem como capitaneando a luta na defesa de interesses e direitos coletivos, sem visar por estas atividades obter lucro no sentido estrito. A geração de lucro é possível, porém este deve ser integralmente empregado na realização das atividades a que se prestam tais organizações ou ainda, na manutenção e expansão desta estrutura de consecução privada de serviço de interesse público, sem haver excedente e distribuição posterior deste.

O estudo do Terceiro Setor se conecta fortemente aos direitos e/ou interesses dos membros da Sociedade Civil, que nele encontram uma forma de ação em prol da coletividade. Sobre isto, dispõe Norberto Bobbio[1]:

> [...] O que é sociedade civil? Numa primeira aproximação pode-se dizer que a sociedade civil é o lugar onde surgem e se desenvolvem os conflitos econômicos, sociais, ideológicos, religiosos, que as instituições estatais têm o dever de resolver ou através da mediação ou através da repressão.
> Sujeitos desses conflitos e, portanto, da sociedade civil exatamente enquanto contraposta ao Estado são as classes sociais, ou mais amplamente os grupos, os movimentos, as associações, as organizações que as representam ou se declaram seus representantes; ao lado das organizações de classe, os grupos de interesse, as associações de vários gêneros com fins sociais, e indiretamente políticos, os movimentos de emancipação de grupos étnicos, de defesa dos direitos civis, de libertação da mulher, os movimentos de jovens, etc.

Pode-se depreender então que o Terceiro Setor não é público nem privado, no sentido convencional destas denominações. Contudo, guarda uma simbiose com ambos, uma vez que sua identidade provém da finalidade de um com a origem e forma de agir do outro.

É importante frisar que *a priori* os organismos que constituem o Terceiro Setor têm como característica fundamental possuir autonomia e administração própria que visam atuação próxima ou conjunta com o Estado e a Sociedade Civil, buscando o aperfeiçoamento desta.

O termo Terceiro Setor foi empregado pela primeira vez nos EUA na década de 1970, tendo como primeiras menções notáveis ao termo os trabalhos de Amitai Etzioni em artigo publicado na Revista americana *Business and Society Review* "*The Untapped Potential of the 'Third Sector*'"[2], aonde pediu uma revisão na política social do governo Nixon. Em sua opinião, deveria haver uma nova

1 BOBBIO, Norberto. Estado, Governo e Sociedade: por uma teoria geral da política. 14. ed. São Paulo: Editora Paz e Terra, 2009, p. 33-34.

2 ETZIONI, Amitai. *The Untapped Potential of the 'Third Sector. Business and Society Review*, [s. l.], 1972.

orientação, aonde sugeria o incentivo à criação e fomento de entidades privadas, não governamentais e não lucrativas, que provessem bens e serviços de interesse público, ao invés de privilegiar o Segundo Setor na provisão de serviços sociais. (ETZIONI, 1972). Podemos citar outros exemplos de obras que contribuíram para a solidificação do termo "Terceiro Setor", como os livros e artigos: *The Third Sector: new tactics for a responsive society*, de Theodore Levitt (1973); *The Endangered Sector* (1979); e *The Third Sector: keystone of a caring society* (1980), de Waldemar Nielsen.

Portanto, tais fatos demonstram que há apenas algumas décadas se faz necessário o reconhecimento da importância de tal Setor como parte importante e integrante do sistema socioeconômico.

Evidenciando também a vontade de mobilização de uma parcela da Sociedade Civil, para atacar pontos de inação do Estado e contribuir com a melhoria da sociedade. O que nas palavras de Marçal Justen Filho[33]:

> A sociedade tornou-se muito mais complexa para que as suas necessidades sejam satisfeitas exclusivamente por parte do Estado. A cidadania impõe que os indivíduos e as empresas se organizem e atuem concretamente para minorar os problemas e combater as carências. A dignidade humana e a solidariedade são compromissos da Nação consigo mesma, e não um fardo a ser carregado apenas pelas instituições financeiras governamentais.

Também podemos citar José Eduardo Sabo Paes[4]:

> Saliento, ainda, que uma das formas mais tradicionais para definir o Terceiro Setor tem sido apresentá-lo de acordo com a finalidade das ações das organizações que o compõem, sempre entendendo que essas instituições, consequências de novos grupos da sociedade civil e dos movimentos sociais, são, além de interlocutores, instrumentos para a consecução de uma nova dinâmica social e democrática, em que as relações são orientadas pelos laços de solidariedade entre os indivíduos, o espirito de voluntariado e o consenso na busca do bem comum.

[3] JUSTEN FILHO, MARÇAL. Curso de Direito Administrativo, 4. ed. São Paulo: Saraiva, 2009, p. 152

[4] PAES, José Eduardo Sabo. Fundações, associações e entidades de interesses social: Aspectos jurídicos, administrativos, contábeis e tributários, 7. ed. Rio de Janeiro: Editora Forense, 2010.

Nos países mais desenvolvidos fica evidente a importância do Terceiro Setor, que se faz presente na sociedade, na economia e no cotidiano das pessoas.

Nos Estados Unidos da América, em um levantamento publicado em 2018 por Brice McKeever para o *National Center for Charitable Statistics*[55] sobre a dimensão do Terceiro Setor nos EUA, fica evidente a representatividade. No período analisado havia aproximadamente 1,56 milhões de Organizações da Sociedade Civil, empregando formalmente cerca de 10% da força de trabalho do país, um número próximo de 11,4 milhões de pessoas e compondo cerca de 5,4% do PIB da maior economia mundial, além de um valor estimado em 390 bilhões de dólares em doações diretas de particulares. Além de um total de 8,7 bilhões de horas de trabalho voluntário, com um número de 63 milhões de voluntários, cerca de 25% dos adultos estadunidenses, gerando um valor médio de 24,14 dólares por hora trabalhada, totalizando um valor estimado de 187,4 bilhões de dólares.

Na Europa, em levantamento similar realizado por Lester M. Salomon e Wojciech Sokolowski publicado em 2016 pelo *Third Sector Impact*[6], organização financiada pela União Europeia, é exposto um cenário similar ao do estudo estadunidense. Nos países membros da União Europeia, o Terceiro Setor emprega em média 12,9% da força de trabalho dos 28 países membros, mais a Noruega. Na época da pesquisa foram apurados mais de 28 milhões de empregos formais compondo a força de trabalho do Terceiro Setor, atrás apenas de indústria e comércio em número de empregos. Vale ressaltar sobre o levantamento europeu o fato de que a estrutura de financiamento do Terceiro Setor nos países analisados tem, em média, 34% de seus recursos oriundos dos governos locais e da própria União Europeia, por meio de repasses diretos, editais e outros subsídios do Poder Público.

No Brasil o IPEA (Instituto de Pesquisa Econômica Aplicada) faz, por meio do site Mapa das Organizações da Sociedade Civil, trabalho similar de

5 MCKEEVER, Brice. National Center for Charitable Statistic. The Nonprofit Sector in Brief 2018. December, 3, 2018. Disponível em: <https://nccs.urban.org/publication/nonprofit-sector-brief-2018#the-nonprofit-sector-in-brief-2018-public-charites-giving-and-volunteering>. Acesso em: 20 mai. 2020.

6 SALOMON, Lester M., SOKOLOWSKI, Wojciech. The Third Sector Impact. TSI Working Paper No. 12: Size and scope of the third sector in Europe. 2016. Disponível em: <https://thirdsectorimpact.eu/documentation/tsi-working-paper-no-12-size-scope-third-sector-europe/>. Acesso em: 20 mai. 2020.

compilação de dados sobre o Terceiro Setor no Brasil[7]. Segundo o Mapa, o Brasil conta com aproximadamente 780 mil organizações, com pouco mais de 2,5 milhões de empregos formais, compondo cerca de 3% da força de trabalho. Segundo Grazzioli e Paes[8]:

> Como se nota, só recentemente começou a ser reconhecida a importância desse setor no âmbito da economia contemporânea, especialmente em razão da sua capacidade de mobilizar recursos humanos e materiais, para suprir importantes demandas sociais frequentemente por falta de condições, não atendidas pelo Estado.[...] Além disso, destaca-se, também, seu potencial de geração de emprego, principalmente nas sociedades mais desenvolvidas, onde os investimentos sociais são bem maiores. [...] de maneira geral, relaciona-se esse fenômeno à contraposição que os princípios da coletividade conseguem imprimir à hegemonia dos princípios do Estado e do Mercado, até então dominantes, na realidade vigente.

Em nosso país cerca de 47% das Organizações se dedicam a atividades de Desenvolvimento e Defesa de Direitos, representando a maior área de atuação do Terceiro Setor Nacional, com larga diferença para as entidades filantrópicas e assistenciais relacionadas a organizações religiosas, que com 20% do todo ocupam a segunda posição mais significante.

Contudo há de se frisar que o nome Paraestatal não necessariamente vincula as organizações do Terceiro Setor ao Estado, porém se emprega a nomenclatura justamente pela sobreposição de campo de atuação. O Terceiro Setor deverá ter caráter subsidiário na prestação dos serviços de interesse público, uma vez que no Estado Democrático de Direito há de existir, idealmente, uma estrutura adequada de prestação de serviços públicos, se esta não existir, independentemente da atuação do Terceiro Setor, os integrantes do Primeiro Setor devem buscar a primazia e atender sua população integralmente, de forma acessível e com qualidade suficiente. Porém, isto é praticamente uma utopia, sobretudo em países em desenvolvimento, aonde temos a dilatação das desigualdades sociais e Estados com realidades orçamentarias, burocráticas,

[7] Mapa das Organizações da Sociedade Civil. Disponível em <https://mapaosc.ipea.gov.br/dados-indicadores.html>. Acesso em 20 mai. 2020.

[8] PAES, José Eduardo Sabo; GRAZZIOLI, Airton. Compliance no Terceiro Setor: Controle e Integridade nas Organizações da Sociedade Civil. 1. ed. São Paulo: Editora Elevação, 2018. p.17.

políticas, econômicas e sociais que muitas vezes impossibilitam o adequado desenvolvimento do serviço público, como fica evidente na realidade da nossa Nação. Portanto, faz-se importante a participação da Sociedade Civil, principalmente dos mais privilegiados, na aceleração do processo de superação das desigualdades, tanto financeiras como de acesso à direitos, bens e serviços essenciais.

Por muito tempo o termo ONG, Organização Não Governamental, é utilizado para descrever entes privados originários da Sociedade Civil que se prestavam à execução de serviços de interesse público. No exterior, em língua inglesa, se popularizou o termo *non-governamental organization (NGOs)*, sendo empregado em diversos documentos internacionais.

1.2 Terceiro Setor no Brasil

As Organizações Não Governamentais são encontradas no Brasil com diversas nomenclaturas, entre estas: ONGs (Organização Não Governamental), Instituto, Entidade, Instituição, Organização Social (OS), Organização da Sociedade Civil de Interesse Público (OSCIP), Organização da Sociedade Civil (OSC), Entidades Filantrópicas, Organizações Religiosas e outras mais. As duas formas societárias existentes no nosso ordenamento jurídico para constituição destas figuras são Fundações e Associações, e têm como atributos: serem de natureza privada, sem fins lucrativos e voluntariamente constituídas.

Até o início da Ditadura Militar, em 1964, houve um pequeno crescimento no número de Organizações do Terceiro Setor, principalmente de caráter filantrópico e assistencial. Surgiram antes desse período importantes entidades, existentes até hoje, algumas advindas da Sociedade Civil, de entes Religiosos, outras provenientes de membros das elites, bem como de grandes empresas existentes à época. Como exemplos, podem ser citados a Cruz Vermelha Internacional, de 1906, a AACD, Associação de Assistência à Criança Deficiente, fundada em 1950, a Fundação Bradesco, fundada em 1956, esta última, desde sua constituição se dedica a proporcionar educação de qualidade e acessível.

A essa altura é necessário mencionar que a Constituição Federal de 1988 conferiu a essas instituições atribuições que caracterizam protagonismo e ao mesmo tempo um papel subsidiário ao estatal. Assim, com base no que podemos chamar de Princípio da Subsidiariedade a Constituição oferece contornos, ainda que amplos, dos campos de atuação e da importância do Terceiro Setor. Veja-se: na Saúde, artigo 199[9] e seu Parágrafo 1º; na Assistência Social, Artigo 204[10], I e II; na Educação, o Artigo 213[11], I e II; na Cultura o Artigo 216[12], Parágrafo 1º;. Família; criança e idoso. Além disso, a CF/88 lhes confere imunidade tributária nos termos do Artigo 150[13], VI, alínea c. Assim, ainda que de modo resumido, podemos dizer que os artigos referidos correspondem a base constitucional do Terceiro Setor.

Quanto a sua forma de constituição, temos a Fundação, que é pessoa de Jurídica Pública ou Privado, se constituindo quando um conjunto de bens é destinado à realização de um fim social consagrado no seu estatuto, de forma estável e permanente.

Tal formato de entidade social no Código Civil de 2002[14] é definida pelo Art. 62:

[9] Art. 199. A assistência à saúde é livre à iniciativa privada. [...] § 1º As instituições privadas poderão participar de forma complementar do sistema único de saúde, segundo diretrizes deste, mediante contrato de direito público ou convênio, tendo preferência as entidades filantrópicas e as sem fins lucrativos. [...] (BRASIL. Constituição, 1988. Constituição: República Federativa do Brasil. Brasília: Senado Federal, 1988. Disponível em: <http://www.planalto.gov.br/ccivil_03/constituicao/constituicao.html> Acesso em: 22 mai. 2020.)

[10] Art. 204,[...] I – descentralização político-administrativa, cabendo a coordenação e as normas gerais à esfera federal e a coordenação e a execução dos respectivos programas às esferas estadual e municipal, bem como a entidades beneficentes e de assistência social; II – participação da população, por meio de organizações representativas, na formulação das políticas e no controle das ações em todos os níveis. [...] (BRASIL, 1988)

[11] Art. 213. Os recursos públicos serão destinados às escolas públicas, podendo ser dirigidos a escolas comunitárias, confessionais ou filantrópicas, definidas em lei, que: I – comprovem finalidade não-lucrativa e apliquem seus excedentes financeiros em educação; [...] (BRASIL, 1988)

[12] Art. 216. [...] § 1º O Poder Público, com a colaboração da comunidade, promoverá e protegerá o patrimônio cultural brasileiro, por meio de inventários, registros, vigilância, tombamento e desapropriação, e de outras formas de acautelamento e preservação. [...] (BRASIL, 1988)

[13] BRASIL. Lei nº 10.406, de 10 de janeiro de 2002. Diário Oficial da União. Brasília, DF. Disponível em < http://www.planalto.gov.br/ccivil_03/leis/2002/l10406.htm> Acesso em: 20 mai. 2020.

[14] BRASIL. Lei nº 10.406, de 10 de janeiro de 2002. Diário Oficial da União. Brasília, DF. Disponível em < http://www.planalto.gov.br/ccivil_03/leis/2002/l10406.htm> Acesso em: 20 mai. 2020.

> Art. 62. Para criar uma fundação, o seu instituidor fará, por escritura pública ou testamento, dotação especial de bens livres, especificando o fim a que se destina, e declarando, se quiser, a maneira de administrá-la.
> Parágrafo único. A fundação somente poderá constituir-se para fins de:
> I – assistência social;
> II – cultura, defesa e conservação do patrimônio histórico e artístico;
> III – educação;
> IV – saúde;
> V – segurança alimentar e nutricional;
> VI – defesa, preservação e conservação do meio ambiente e promoção do desenvolvimento sustentável;
> VII – pesquisa científica, desenvolvimento de tecnologias alternativas, modernização de sistemas de gestão, produção e divulgação de informações e conhecimentos técnicos e científicos;
> VIII – promoção da ética, da cidadania, da democracia e dos direitos humanos;
> IX – atividades religiosas.

Cabe ressaltar que existem Fundações Públicas e Fundações Privadas. A Fundação Pública pode ser considerada a personificação do patrimônio Público, porém estas não fazem parte do Terceiro Setor, uma vez que não possuem sua origem na Sociedade Civil e são entes da Administração Pública indireta, estando no escopo do Primeiro Setor, se submetendo às regras da Administração Pública pertinentes à sua personalidade, como, por exemplo, a Fundação Nacional do Índio, a FUNAI, que presta serviços de auxílio e proteção dos povos originários do Brasil. Segundo o Supremo Tribunal Federal na Ação Declaratória de Inconstitucionalidade 191/RS[15]: "A distinção entre fundações públicas e privadas decorre da forma como foram criadas, da opção legal pelo regime jurídico a que se submetem, da titularidade de poderes e também da natureza dos serviços por elas prestados. ". As fundações públicas são denominadas pela doutrina brasileira especializada como fundações governamentais. De acordo com Calil Simão[16] (2015, pp. 55- 56) o termo "pública" aponta o influxo de poder de império já que tais entidades apenas executam serviços governamentais:

[15] Disponível em: http://redir.stf.jus.br/paginadorpub/paginador.jsp?docTP=TP& docID=12086558 Acesso em: 20 mai. 2020.

[16] SIMÃO, Calil. Fundações Governamentais. Revista dos Tribunais, São Paulo, 2014.

> A nomenclatura "fundação pública" não é a mais adequada, porque o termo "pública" pode induzir a ideia de que se trata de uma fundação de direito público, fato que nem sempre é verdade. Esse termo poderia ainda induzir a ideia de que a fundação de direito privado instituída pelo Poder Público é uma fundação pública, quando isso também não é verdade. O fato de o Poder Público instituí-la não modifica a personalidade jurídica da entidade, uma vez constituída segundo o direito privado (registro). Ela continuará sendo uma fundação de direito privado. O influxo de normas publicísticas imposto inclusive pela Constituição Federal também não modifica a personalidade jurídica dessa entidade.

Todavia, as Fundações Privadas são consideradas organismos integrantes do Terceiro Setor. A Fundação Privada, por sua vez, é a personificação de um patrimônio privado, ao qual é determinada uma finalidade específica não lucrativa, de cunho social. O instituidor na Fundação Privada é um particular, pessoa física ou jurídica, que aponta determinados bens do seu patrimônio e os atribui personalidade jurídica, dedicando estes a fins sociais que deverão constar do respectivo estatuto, aonde também constará a ausência de finalidade lucrativa e exploração econômica.

Ainda no que tange a formalização dessas entidades, temos as Associações, que, cabe dizer são a forma mais corriqueira de formalização e existência institucionalizada das ONGs (Organizações Não Governamentais), anteriormente chamadas de Associações Civis. A Constituição Federal lhes reserva alguns dispositivos específicos com a finalidade justamente de garantir a liberdade de associação. Prova disto são os incisos XVII, XVIII, XIX e XX do artigo 5º da CF/88[17], que garantem a liberdade de associação e outros direitos.

Uma vez que há alto índice de informalidade no Setor, por tais organizações frequentemente se iniciarem com pessoas unidas prestando um serviço

[17] Art. 5º Todos são iguais perante a lei, sem distinção de qualquer natureza, garantindo-se aos brasileiros e aos estrangeiros residentes no País a inviolabilidade do direito à vida, à liberdade, à igualdade, à segurança e à propriedade, nos termos seguintes: [...] XVII – é plena a liberdade de associação para fins lícitos, vedada a de caráter paramilitar; XVIII – a criação de associações e, na forma da lei, a de cooperativas independem de autorização, sendo vedada a interferência estatal em seu funcionamento; XIX – as associações só poderão ser compulsoriamente dissolvidas ou ter suas atividades suspensas por decisão judicial, exigindo-se, no primeiro caso, o trânsito em julgado; XX – ninguém poderá ser compelido a associar-se ou a permanecer associado; [...] (BRASIL,1988)

ou lutando por interesses coletivos, realizando alguma ação pontual, muitas vezes sem grandes aspirações e de maneira desorganizada. Portanto, a porta de entrada para estas entidades chegarem a um novo nível organizacional é o ingresso no Cadastro Nacional de Pessoa Jurídica como Associação, Pessoa Jurídica de Direito Privado. No Código Civil de 2002 as Associações são definidas no Art. 53, como "união de pessoas que se organizem para fins não econômicos. "[18].

Porém não devem ser consideradas Associações integrantes do Terceiro Setor toda e qualquer pessoa jurídica de direito privado que se dedique a atividades de fim não econômico. Por exemplo, sindicatos, partidos políticos, clubes e associações de bairros são Associações com fins não econômicos, porém a atividade a que se prestam, o direito ou interesse ao qual buscam defender não é *a priori* uma prestação de serviço de interesse público, pois muitas destas se prestam a defesa de classes e direitos específicos. Geralmente as Associações integrantes do Terceiro Setor serão dedicadas a fins de prestação de serviços assistenciais, sociais, ambientais, culturais ou educacionais, de interesse público e coletivo, focado nos menos privilegiados.

Após décadas de ausência de dispositivos que regessem e definissem com precisão as organizações que se dedicam a realizar parcerias com o Estado, houve em 1998 a publicação da Lei nº 9.637/1998[19], surgindo com esta, formalmente, as Organizações Sociais e, em 1999, com a publicação da Lei nº 9.790/1999[20], regulamentada pelo Decreto nº 3.100/99[21], que criaram, formalmente, as Organizações da Sociedade Civil de Interesse Público.

Com isto estamos querendo dizer que as leis mencionadas acima constituem um regime jurídico específico para as entidades que mantenham relação com o Estado. Então, neste ponto o Terceiro Setor entra em conexão direta com as normas e princípios do Direito Administrativo e daí observância dos princípios da legalidade, moralidade, impessoalidade, publicidade, eficiência

[18] BRASIL. 2002.

[19] BRASIL. 1998.

[20] BRASIL. Lei nº 9.790, de 23 de março de 1999. Diário Oficial da União. Brasília, DF. Disponível em < http://www.planalto.gov.br/ccivil_03/LEIS/L9790.html> Acesso em: 20 mai. 2020.

[21] BRASIL. Decreto nº, de 30 de junho de 1999. Diário Oficial da União. Brasília, DF. Disponível em < http://www.planalto.gov.br/ccivil_03/decreto/d3100.html> Acesso em: 20 mai. 2020.

e economicidade, pois vamos encontrar os referidos princípios em todas as leis que regem as relações entre o Estado e o Terceiro Setor. Diante deste fenômeno, acreditamos que, embora as entidades do Terceiro Setor sejam predominantemente privadas, as regras a ela aplicáveis são derrogadas, ainda que parcialmente, para aplicação de regras do Direito Administrativo. Isto, sempre que essas entidades trabalhem por meio de convênios com o Estado.

Voltando brevemente ao passado, vale lembrar que o Estado também fez importantes contribuições no período pré-ditadura, destacando-se a criação do Sistema S criado por Getúlio Vargas, durante seu governo, em 1942. Hoje o Sistema S é composto pelas Organizações: SESC, Serviço Social do Comércio; SESI, Serviço Social da Indústria; SENAI, Serviço Nacional de Aprendizagem Industrial; SENAC, Serviço Nacional de Aprendizagem Comercial; SEBRAE, Serviço Brasileiro de Apoio às Micro e Pequenas Empresas; SENAR, Serviço Nacional de Aprendizagem Rural; SEST, Serviço Social do Transporte; SENAT, Serviço Nacional de Aprendizado do Transporte; e o SESCOOP, Serviço Nacional de Aprendizado do Cooperativismo. O Sistema S se enquadra como Serviço Social Autônomo.

> [...] todos aqueles instituídos por lei, com personalidade de Direito Privado, para ministrar assistência ou ensino a certas categorias sociais ou grupos profissionais, sem fins lucrativos, sendo mantidos por dotações orçamentárias ou por contribuições parafiscais. São entes paraestatais, de cooperação com o Poder Público, com administração e patrimônio próprios, revestindo a forma de instituições particulares convencionais (fundações, sociedades civis ou associações) ou peculiares ao desempenho de suas incumbências estatutárias". (MEIRELLES, 2009, p. 385)[22].

Os Serviços Sociais Autônomos criados por Lei podem ser considerados parte do Terceiro Setor, mas não o são *per se*, uma vez que se originou de um ato do Estado, Primeiro Setor, possuem ingerência do Estado em sua gestão e são beneficiados por contribuições mandatórias parafiscais, com repasses compulsórios das organizações e membros do setor de Mercado a

[22] MEIRELLES, Hely Lopes. Direito Administrativo Brasileiro. 35 ed. atual., São Paulo: Malheiros Editores, 2009, p.385.

qual beneficiam, facilmente identificáveis pelo nome. Na Ação Civil Originária 2640[23] foi decidido que:

> Os serviços sociais autônomos são pessoas jurídicas de direito privado e, apesar de receberem recursos públicos e serem fiscalizadas pelo Tribunal de Contas da União, não são entidades integrantes da Administração Pública Federal Direta ou Indireta.

De acordo com Maria Sylvia Zanella Di Pietro[24] (2013, p. 554, 555-556):

> Pelo nosso conceito, as entidades paraestatais são definidas como pessoas jurídicas de direito privado, instituídas por particulares, com ou sem autorização legislativa, para o desempenho de atividades privadas e interesse público, mediante fomento e controle pelo Estado.
>
> Exatamente por atuarem ao lado do Estado e terem com ele algum tipo de vínculo jurídico, recebem a denominação de entidades paraestatais; nessa expressão podem ser incluídas todas as entidades integrantes do chamado terceiro setor, o que abrange as declaradas de utilidade pública, as que recebem certificado de fins filantrópicos, os serviços sociais autônomos (como SESI, SESC, SENAI), os entes de apoio, as organizações sociais e as organizações da sociedade civil de interesse público.

Durante o período da Ditadura Militar, por seu caráter opressor de direitos e liberdades, ensejou-se a necessidade de afirmação, desenvolvimento e união da Sociedade Civil em prol dos interesses da coletividade. Durante a Ditadura Militar, o modelo do Terceiro Setor evoluiu para um foco mais amplo, que atrelariam os direitos sociais à própria ideia de cidadania.

> Essa evolução na consciência do Terceiro Setor foi reflexo de uma evolução da própria sociedade brasileira, que durante o período da Ditadura Militar (1964-1985) teve que se mobilizar para combater o autoritarismo e o arbítrio reinantes naquele momento da vida brasileira. Foi um momento de afirmação da sociedade civil e valorização da democracia. Surgiram várias organizações

[23] Disponível em: <https://stf.jusbrasil.com.br/jurisprudencia/222819616/acao-civel-originaria-aco-2640-es-espirito-santo-0000440-8220151000000?ref=serp>. Acesso em: 21 mai. 2020.

[24] DI PIETRO, Maria Sylvia Zanella. Direito Administrativo. 26 ed. São Paulo: Atlas, 2013, p. 554-556.

> e movimentos sociais em consequência de um novo ímpeto – introduzido inicialmente por setores cristãos progressistas e depois abraçado por outros setores comprometidos com a democracia e a "mudança social" – de organização da sociedade pela base, (MÔNICA ASSIS, 1996, p. 25)[25].

Nos anos 1970 há no mundo todo um notório movimento social se iniciando na Sociedade Civil, com o intuito de dar maior respaldo à hipossuficientes, minorias, interesses coletivos. No Brasil temos o mesmo fenômeno em muito pedindo a redemocratização do país e fim do regime opressor de liberdades.

Há o aumento significativo do número de Sindicatos, Fundações e Associações Civis, Organizações de defesa dos Direitos Humanos, defesa do Meio Ambiente e diversas outras entidades. Tal movimento atinge seu ápice no Brasil e sua importância fica clara quando na Assembleia Constituinte de 1988, são incluídos na Carta Magna diversos dispositivos que versam sobre os direitos e interesses coletivos e fundamentais, bem como as organizações do Terceiro Setor, com dispositivos de fomento e incentivos ao desenvolvimento às suas Organizações. Com destaque ao já citado Artigo 150, VI, "c" da Constituição Federal, posteriormente reforçado pelo Artigo 9º, IV, c), do Código Tributário Nacional[26], que vedam a tributação sobre patrimônio de instituições de educação e assistência social, sem fins lucrativos.

> Em termos legais a legislação brasileira incentiva o terceiro setor, basta ver que na Constituição Federal existem dispositivos expressos que impõem à coletividade – no caso incluindo a forma de organização do terceiro setor, juntamente com o Poder Público, a proteção de valores como a educação, cultura e desporto (art. 205 e 215, § 1º) e meio ambiente (art. 225). Além disso, o art. 150, VI, "c", da Carta Magna veda à União, aos Estados, ao Distrito Federal e aos Municípios instituir impostos sobre o patrimônio, renda ou

[25] PAYTON, 1984 apud SILVA, Luíza Mônica Assis da. A filantropia empresarial: um estudo exploratório de algumas fundações metropolitanas de São Paulo. Brasília: Universidade de Brasília, 1996.

[26] Art. 9º É vedado à União, aos Estados, ao Distrito Federal e aos Municípios: IV – cobrar imposto sobre: c) o patrimônio, a renda ou serviços dos partidos políticos, inclusive suas fundações, das entidades sindicais dos trabalhadores, das instituições de educação e de assistência social, sem fins lucrativos, [...]; (BRASIL. Código Tributário Nacional. Brasília, DF. Disponível em: <http://www.planalto.gov.br/ccivil_03/leis/l5172.htm>. Acesso em: 22 mai. 2020.)

serviços das instituições de educação e assistência social, sem fins lucrativos" (SANTOS, 2011, p.2)[27].

Nos anos imediatamente seguintes à promulgação da Constituição Federal iniciou-se um fértil período no Terceiro Setor, que somado a uma reforma de caráter Liberal sobre o aparelho do Estado ocorrida no governo do Presidente Fernando Henrique Cardoso (1995-2002), visava aumentar a participação no processo democrático por meio de novas formas de contribuição da Sociedade Civil, também visando a melhoria de serviços públicos, bem como otimizar e reduzir o tamanho do quadro de funcionários do governo, em todas as esferas do Estado, objetivando um ajuste fiscal. Sobre tal reforma diz o então ministro Luiz Carlos Bresser[28] (2006. p. 257):

> A partir de 1995, com o governo Fernando Henrique, surge uma nova oportunidade para a reforma do Estado, em geral, e do aparelho do Estado e de seu pessoal, em particular. Essa reforma tem por objetivos: a curto prazo, facilitar o ajuste fiscal, particularmente nos estados e municípios, onde existe um claro problema de excesso de quadros; a médio prazo, tornar mais eficiente e moderna a administração pública, voltando-a para o atendimento dos cidadãos.

No bojo desta reforma houve uma dilatação da esfera pública não estatal, que já vinha se expandindo desde a redemocratização da nação, cumulado a um crescimento exponencial no número de Organizações Não Governamentais. Dá-se a concretização da importância do Terceiro Setor com a promulgação das já mencionadas Leis nº 9.637/1998 e Lei nº 9.790/1999, sendo estas respectivamente chamadas de Lei das Organizações Sociais (OS) e Lei das Organizações da Sociedade Civil de Interesse Público (OSCIP). Tais leis proporcionaram um novo prisma para o Terceiro Setor Brasileiro, legitimando a participação social como parte da cidadania. Cabe, portanto, conceituar as OS e OSCIPs citando as referidas leis que as instituíram A definição de Organização Social, contida no Artigo 1º da referida Lei, dispõe

27 SANTOS, Antônio Silveira Ribeiro dos Santos. Reforma Administrativa e o Terceiro Setor. Disponível em: <www.aultimaarcadenoe.com>. Acesso em: 21 mai. 2020.

28 PEREIRA, Luiz Carlos Bresser, SPINK, Peter Kevin. Reforma Do Estado e Administração Pública Gerencial. São Paulo, Editora FGV, 2015, p. 257.

"O Poder Executivo poderá qualificar como Organizações Sociais pessoas jurídicas de direito privado, sem fins lucrativos, cujas atividades sejam dirigidas ao ensino.

Na definição de Di Pietro (2014, p.580) entende-se por Organização Social[29]:

> A qualificação jurídica dada a pessoa jurídica de direito privado, sem fins lucrativos, instituída por iniciativa de particulares, e que recebe delegação do Poder Público, mediante contrato de gestão, para desempenhar serviço público de natureza social. Nenhuma entidade nasce com o nome de organização social; a entidade é criada como associação ou fundação e, habilitando-se perante o Poder Público, recebe a qualificação; trata-se de título jurídico outorgado e cancelado pelo Poder Público.

As Organizações Sociais podem ser entendidas como organismos externos que foram incorporados ao Estado por meio de ato discricionário do Poder Executivo, visando substituir ou complementar lacunas na prestação ou gestão de serviço público. Passando a receber auxílios bem como servidores públicos para trabalharem na Organização. Gerando vínculo que se formaliza por meio de Contrato de Gestão e, conforme disposto na Lei, há a instauração, se já não houver, de Conselho Administrativo, com a participação de representantes do Poder Público, conjuntamente a membros da Sociedade Civil, bem como a necessidade da publicação de contas no Diário Oficial. A outorga da condição de OS pode ser desqualificada se não houver o cumprimento das metas previstas no Contrato de Gestão, perdendo além da classificação, eventuais subsídios e repasses públicos pertinentes a tal classificação. Exemplos notórios de OS são as Santas Casas de Misericórdia, que integram o Sistema Único de Saúde.

No que tange as Organizações da Sociedade Civil de Interesse Público (OSCIP), podemos defini-las por exclusão conforme o disposto no Artigo 2º da Lei nº 9.790/99, que exclui as sociedades comerciais; os sindicatos, as associações de classe ou de representação de categoria profissional; as instituições religiosas ou voltadas para a disseminação de credos, cultos, práticas e visões devocionais e confessionais; as organizações partidárias e assemelhadas, inclusive suas fundações;

29 DI PIETRO, 2013.

As entidades de benefício mútuo destinadas a proporcionar bens ou serviços a um círculo restrito de associados ou sócios; as entidades e empresas que comercializam planos de saúde e assemelhados; as instituições hospitalares privadas não gratuitas e suas mantenedoras; as escolas privadas dedicadas ao ensino formal não gratuito e suas mantenedoras; as organizações sociais; as cooperativas; as fundações públicas; as fundações, sociedades civis ou associações de direito privado criadas por órgão público ou por fundações públicas; as organizações creditícias que tenham quaisquer tipo de vinculação com o sistema financeiro nacional.

E nos Artigos 1º e 3º da mesma Lei[30] podemos depreender outros critérios necessários à condição de OSCIP. As OSCIPs são outorgadas por ato

[30] Art. 1º Podem qualificar-se como Organizações da Sociedade Civil de Interesse Público as pessoas jurídicas de direito privado sem fins lucrativos que tenham sido constituídas e se encontrem em funcionamento regular há, no mínimo, 3 (três) anos, desde que os respectivos objetivos sociais e normas estatutárias atendam aos requisitos instituídos por esta Lei. § 1º Para os efeitos desta Lei, considera-se sem fins lucrativos a pessoa jurídica de direito privado que não distribui, entre os seus sócios ou associados, conselheiros, diretores, empregados ou doadores, eventuais excedentes operacionais, brutos ou líquidos, dividendos, bonificações, participações ou parcelas do seu patrimônio, auferidos mediante o exercício de suas atividades, e que os aplica integralmente na consecução do respectivo objeto social. § 2º A outorga da qualificação prevista neste artigo é ato vinculado ao cumprimento dos requisitos instituídos por esta Lei. [...] (BRASIL, 1999)
[...]
Art. 3º A qualificação instituída por esta Lei, [...], somente será conferida às pessoas jurídicas de direito privado, sem fins lucrativos, cujos objetivos sociais tenham pelo menos uma das seguintes finalidades: I – promoção da assistência social; II – promoção da cultura, defesa e conservação do patrimônio histórico e artístico; III – promoção gratuita da educação, observando-se a forma complementar de participação das organizações de que trata esta Lei; IV – promoção gratuita da saúde, observando-se a forma complementar de participação das organizações de que trata esta Lei; V – promoção da segurança alimentar e nutricional; VI – defesa, preservação e conservação do meio ambiente e promoção do desenvolvimento sustentável; VII – promoção do voluntariado; VIII – promoção do desenvolvimento econômico e social e combate à pobreza; IX – experimentação, não lucrativa, de novos modelos socioprodutivos e de sistemas alternativos de produção, comércio, emprego e crédito; X – promoção de direitos estabelecidos, construção de novos direitos e assessoria jurídica gratuita de interesse suplementar; XI – promoção da ética, da paz, da cidadania, dos direitos humanos, da democracia e de outros valores universais; XII – estudos e pesquisas, desenvolvimento de tecnologias alternativas, produção e divulgação de informações e conhecimentos técnicos e científicos que digam respeito às atividades mencionadas neste artigo; XIII – estudos e pesquisas para o desenvolvimento, a disponibilização e a implementação de tecnologias voltadas à mobilidade de pessoas, por qualquer meio de transporte. Parágrafo único. Para os fins deste artigo,

vinculado ao Ministério da Justiça, alheio à conveniência e oportunidade da Administração Pública. Sobre as OSCIPs, Maria Sylvia Zanella Di Pietro[31] (2014, p. 584) diz:

> Trata-se de qualificação jurídica dada a pessoas jurídicas de direito privado, sem fins lucrativos, instituídas por iniciativa de particulares, para desempenhar serviços sociais não exclusivos do Estado com incentivo e fiscalização pelo Poder Público, mediante vínculo jurídico instituído por meio de termo de parceria.

Portanto, vemos aqui o aceno da possibilidade de atuação da OSCIP como uma extensão, também, da estrutura de prestação pública do Estado, assim como as OS, porém se diferindo da OS primeiramente quanto à sua posição dentro do Estado, uma vez que a OS visa, obrigatoriamente, substituir e/ou suplementar diretamente a estrutura pública de prestação de serviço, sendo equiparada às instituições públicas para fins jurídicos. Enquanto a OSCIP atua com viés complementar à estrutura de serviços públicos, oferecendo serviços não exclusivos de interesse público como membro da Sociedade Civil, submetido a diferentes obrigações das OS.

A OSCIP possui uma estrutura estatutária ligeiramente robusta. No que tange sua composição, podemos citar o Art. 1º, que exige para a outorga do status de OSCIP a existência formal da organização por, no mínimo, três anos. Não há obrigatoriedade de participação de servidor público em seu Conselho Administrativo ou Diretoria, porém tal participação é permitida, conforme dispõe o Art. 4º § único. Deverá a OSCIP registrar seu estatuto em cartório. Bem como, expressa a necessidade de um Conselho Fiscal no inciso II do mesmo artigo, que também dispõe sobre a forma e necessidade de prestação de contas ao Tribunal de Contas da União, conforme previsto no parágrafo único do Artigo 70 da Constituição Federal[32].

a dedicação às atividades nele previstas configura-se mediante a execução direta de projetos, programas, planos de ações correlatas, por meio da doação de recursos físicos, humanos e financeiros, ou ainda pela prestação de serviços intermediários de apoio a outras organizações sem fins lucrativos e a órgãos do setor público que atuem em áreas afins. (BRASIL, 1999)

[31] DI PIETRO, 2013.

[32] Art. 70. A fiscalização contábil, financeira, orçamentária, operacional e patrimonial da União e das entidades da administração direta e indireta, quanto à legalidade, legitimidade,

Ao se tornar uma OSCIP, a Organização está habilitada a receber subsídio do Estado, por meio do Termo de Parceria. Conforme dispõe o Artigo 9 da Lei das OSCIPs, o Termo de Parceria é instrumento que materializa o vínculo de cooperação entre o Poder Público pelo fomento e a execução das atividades de interesse público. Do Termo de Parceria devem constar obrigatoriamente o objeto, as metas, os critérios de avalição de forma objetiva, a previsão de receitas e despesas, remunerações e benefícios de pessoal a serem pagos, devendo haver publicação na imprensa sobre o alcance das atividades. Sob pena de não liberação dos recursos da parceria se houver infração destas obrigações, constantes do Artigo 10 da supracitada Lei.

Importante novidade trazida na Lei das OSCIPs é a possibilidade de remuneração dos membros da Diretoria das Organizações da Sociedade Civil, que somada a diversas contrapartidas nas partes estatutárias e de prestação de contas, para a manutenção da outorga, geram uma otimização da estrutura de governança das Organizações, o que deve levar à mitigação de corrupção e evasão de recursos.

Tais Leis, somadas ao cenário de aumento do envolvimento da Sociedade Civil no processo democrático, às reformas de cunho liberal do governo Fernando Henrique Cardoso, adicionados ao viés ideológico mais progressista do mandatário seguinte, o Presidente Luiz Inácio Lula da Silva, propiciaram solo fértil para o desenvolvimento do ecossistema do Terceiro Setor, o que fica evidenciado em levantamento publicado pelo IPEA em parceria com a Associação Brasileira de Organizações não Governamentais (Abong). O estudo As Fundações Privadas e Associações sem Fins Lucrativos no Brasil[33], 2005, que mostrou que entre 1996 e 2005 o crescimento desse tipo de organização havia sido de 215,1%; de 107,3 mil para 338,2 mil em todo o Brasil. O mesmo estudo revelou que, em 2005, a idade média das ONGs era de 12,3 anos, sendo que a maior parte delas, 41,5%, havia sido criada na década anterior.

As Organizações Religiosas, contempladas também no escopo das ONGs, receberam uma figura jurídica própria a partir da Lei nº 10.825/2003, que

economicidade, aplicação das subvenções e renúncia de receitas, será exercida pelo Congresso Nacional, mediante controle externo, e pelo sistema de controle interno de cada Poder. (BRASIL, 1988)

[33] Disponível em: <https://www.ipea.gov.br/desafios/index.php?option=com_content&view=article&id=2727:catid=2 8& Itemid=23>. Acesso em: 22 mai. 2020.

modificou o Artigo 44 Código Civil e adicionou um novo tipo societário específico, a Organização Religiosa, no inciso IV do artigo supra.

Em 2014 é dado o passo mais recente no processo de formalização e otimização do Terceiro Setor no Brasil. É publicado o Marco Regulatório das Organizações da Sociedade Civil (MROSC), representado pela Lei nº 13.019/2014[34], que foi alterada pela Lei nº 13.204 e regulamentada pelo Decreto nº 8.726/2016, Decreto este que teve participação ativa dos cidadãos por meio de duas consultas públicas *online* sobre sua elaboração.

O MROSC versa sobre as parcerias entre o setor Público e as Organizações da Sociedade Civil, "estabelecendo o regime jurídico das parcerias entre a administração pública e as organizações da sociedade civil, em regime de mútua cooperação, para a consecução de finalidades de interesse público e recíproco, mediante a execução de atividades ou de projetos previamente estabelecidos em planos de trabalho inseridos em termos de colaboração, em termos de fomento ou em acordos de cooperação; define diretrizes para a política de fomento, de colaboração e de cooperação com organizações da sociedade civil". O Marco Regulatório define Organização da Sociedade Civil em seu Artigo 2, I, como:

a) entidade privada sem fins lucrativos que não distribua entre os seus sócios ou associados, conselheiros, diretores, empregados, doadores ou terceiros eventuais resultados, sobras, excedentes operacionais, brutos ou líquidos, dividendos, isenções de qualquer natureza, participações ou parcelas do seu patrimônio, auferidos mediante o exercício de suas atividades, e que os aplique integralmente na consecução do respectivo objeto social, de forma imediata ou por meio da constituição de fundo patrimonial ou fundo de reserva;
b) as sociedades cooperativas previstas na Lei nº 9.867, de 10 de novembro de 1999; as integradas por pessoas em situação de risco ou vulnerabilidade pessoal ou social; as alcançadas por programas e ações de combate à pobreza e de geração de trabalho e renda; as voltadas para

[34] BRASIL. Lei nº 13.019, de 31 de julho de 2014. Diário Oficial da União. Brasília, DF. Disponível em <http://www.plana lto.gov.br/ccivil_03/_ato2011-2014/2014/lei/l13019.htm> Acesso em 21 mai. 2020.

fomento, educação e capacitação de trabalhadores rurais ou capacitação de agentes de assistência técnica e extensão rural; e as capacitadas para execução de atividades ou de projetos de interesse público e de cunho social.

c) as organizações religiosas que se dediquem a atividades ou a projetos de interesse público e de cunho social distintas das destinadas a fins exclusivamente religiosos.

Como já citado, o MROSC e seu Decreto Regulamentador se prestam primariamente a regular as parcerias firmadas por meio de Termo de Colaboração e Termo de Fomento, contidos, respectivamente, nos Artigos 16 e 17[35] da referida Lei.

O Termo de Colaboração é o instrumento pelo qual são formalizadas as parcerias estabelecidas pela Administração Pública com as então denominadas OSCs para a consecução de atividades de interesse público e recíproco, propostas pela Administração Pública que envolvam a transferência de recursos financeiros. Devendo ser utilizado em parcerias nas quais serviços e atividades relativos a políticas públicas já conhecidas, constantes dos programas de governo, sendo facilmente mensuráveis e indicáveis os objetivos, objetos, metas, prazos, resultados a serem alcançados, tomando de políticas preexistentes ou já definidas quanto aos recursos aplicados.

Quando tais parcerias não envolverem a transferência de recursos financeiros, deverão ser formalizadas por meio de Acordo de Cooperação, instrumento também instituído pela Lei nº 13.019/14. Já o Termo de Fomento representa o instrumento por meio do qual são formalizadas as parcerias estabelecidas pela Administração Pública com as OSC para a consecução de finalidades de interesse público e recíproco propostas pelas Organizações da Sociedade Civil, que envolvam a transferência de recursos financeiros, visando principalmente objetivos e atividades não contempladas, ou não claramente contidas nos

[35] Art. 16. O termo de colaboração deve ser adotado pela administração pública para consecução de planos de trabalho de sua iniciativa, para celebração de parcerias com organizações da sociedade civil que envolvam a transferência de recursos financeiros. [...] Art. 17. O termo de fomento deve ser adotado pela administração pública para consecução de planos de trabalho propostos por organizações da sociedade civil que envolvam a transferência de recursos financeiros. (BRASIL, 2014)

programas de governo. Podendo a iniciativa de criação destes planos a partir da própria OSC, visando o benefício da sociedade, em Manifestação de Interesse Social, prevista na Lei, cabendo ao Poder Público, caso houver interesse e disponibilidade financeira, incentivar, estimular e aquecer tais atividades. Tal Manifestação se dá conforme estipulado nos Artigos 18 a 21 do MROSC[36], que ditam o rito para o Procedimento de Manifestação de Interesse Social, rito que se aprovado resultará no Chamamento Público, forma praticamente direta de exercício de cidadania, pois possibilita à praticamente qualquer cidadão propor ao Poder Público uma possível parceria entre este e as OSCs.

Todavia, se faz indispensável para a concretização dos Termos citados o respeito ao rito estipulado na Lei nº 13.019/2014. Após a eventual Manifestação de Interesse Social, há a apresentação do Plano de Trabalho, contendo o escopo da parceria e se estes prosperarem. Haverá um Chamamento Público, uma espécie de concorrência entre as OSCs, que por forma de edital terão acesso às informações da parceria, de prazos e metas, orçamento, Plano de Trabalho e critérios de seleção do edital.

[36] Art. 18. É instituído o Procedimento de Manifestação de Interesse Social como instrumento por meio do qual as organizações da sociedade civil, movimentos sociais e cidadãos poderão apresentar propostas ao poder público para que este avalie a possibilidade de realização de um chamamento público objetivando a celebração de parceria. [...] Art. 19. A proposta a ser encaminhada à administração pública deverá atender aos seguintes requisitos: I – identificação do subscritor da proposta; II – indicação do interesse público envolvido; III – diagnóstico da realidade que se quer modificar, aprimorar ou desenvolver e, quando possível, indicação da viabilidade, dos custos, dos benefícios e dos prazos de execução da ação pretendida. Art. 20. Preenchidos os requisitos do art. 19, a administração pública deverá tornar pública a proposta em seu sítio eletrônico e, verificada a conveniência e oportunidade para realização do Procedimento de Manifestação de Interesse Social, o instaurará para oitiva da sociedade sobre o tema. Parágrafo único. Os prazos e regras do procedimento de que trata esta Seção observarão regulamento próprio de cada ente federado, a ser aprovado após a publicação desta Lei. [...] Art. 21. A realização do Procedimento de Manifestação de Interesse Social não implicará necessariamente na execução do chamamento público, que acontecerá de acordo com os interesses da administração. § 1º A realização do Procedimento de Manifestação de Interesse Social não dispensa a convocação por meio de chamamento público para a celebração de parceria. § 2º A proposição ou a participação no Procedimento de Manifestação de Interesse Social não impede a organização da sociedade civil de participar no eventual chamamento público subsequente. § 3º É vedado condicionar a realização de chamamento público ou a celebração de parceria à prévia realização de Procedimento de Manifestação de Interesse Social. (BRASIL, 2014)

Caso contemplada com a Parceria, seja por Termo de Fomento ou Termo de Colaboração, a OSC estará sujeita às obrigações previstas na Lei, que contam com rigoroso sistema de prestação de contas, avaliação e monitoramento da realização do objetivo delimitado, bem como ao atendimento de metas estipuladas no Termo.

Portanto, há um evidente ganho na parte de estrutura e governança às organizações que se submeterem à adequação nos termos do Marco Regulatório, uma vez que esta Lei têm diversos dispositivos versando sobre prestação de contas, transparência, controle, monitoramento, responsabilidades e possíveis sanções se forem quebradas as expectativas criadas por estes dispositivos, podendo acarretar na perda da parceria, do recurso advindo desta, bem como possíveis sanções civis, administrativas e penais se houver infração que enseje tal persecução. Por se tratar de repasse de recurso público é possível o enquadramento de práticas indevidas como crime de Improbidade Administrativa ou de infração da Lei Anticorrupção Brasileira. O que pode levar a uma menor incidência de corrupção e evasão de recursos.

1.3 Leis de Incentivo e o Terceiro Setor

As Leis de Incentivo no Brasil exercem papel importantíssimo no financiamento de diversas atividades e instituições, muitas destas componentes do Terceiro Setor. Abaixo veremos brevemente como é o funcionamento desta forma de repasse, algumas das principais Leis de Incentivo e a que se prestam.

Primeiramente vale ressaltar que as Leis de Incentivo são provenientes de uma forma de Renúncia Fiscal do Estado, que, no caso, deixa de recolher certa parte de tributos devidos, muitas vezes por meio de dedução fiscal, para destiná-los a Fundos Assistenciais, como, por exemplo, o Fundo do Idoso e o Fundo dos Direitos da Criança e do Adolescente, o Programa Nacional de Apoio à Cultura (PRONAC) e Programa Nacional de Apoio à Atenção da Saúde (PRONAS). Tal renúncia necessita ser expressa e definida por Lei. Essa necessidade vem prevista na CF, em seu Artigo 150, §6º[37]:

[37] BRASIL, 1988.

§ 6º Qualquer subsídio ou isenção, redução de base de cálculo, concessão de crédito presumido, anistia ou remissão, relativos a impostos, taxas ou contribuições, só poderá ser concedido mediante lei específica, federal, estadual ou municipal, que regule exclusivamente as matérias acima enumeradas ou o correspondente tributo ou contribuição, sem prejuízo do disposto no art. 155, § 2.º, XII, g.

Entre as principais Leis e Programas de incentivo instituídos a nível Federal podemos citar a Lei nº 8.313/1991, de Incentivo à Cultura; Lei nº 8.685/1993, Lei do Audiovisual; Lei nº 12.213/2020, Fundo Nacional do Idoso; Lei nº 12.715/2012, Programa Nacional de Atenção Oncológica e Programa Apoio à Atenção da Saúde; entre outros.

Cada Lei apresenta uma dinâmica própria sobre a dimensão, limite e forma dos incentivos, porém os tributos que podem ser destinados às Leis de Incentivo são, nos três níveis de governo: Imposto de Renda de Pessoa Física (IRPF), Contribuição

Social Sobre o Lucro Líquido (CSLL), Imposto de Renda de Pessoa Jurídicas (IRPJ), estes recolhidos para União; Imposto Sobre Circulação de Mercadorias e Serviços (ICMS) aos governos estaduais; Imposto Predial e Territorial Urbano (IPTU) e Imposto Sobre Serviços (ISS), à nível municipal. Tais doações são dedutíveis do montante pago à Receita Federal em caráter de Imposto de Renda, tanto de Pessoa Jurídica como Pessoa Física, e também da Contribuição Social Sobre Lucro, desde que respeitem o limite de seis por cento (6%) do valor do Imposto sobre a renda devido por pessoa física, Artigo 80, §1º, do Decreto nº 9.580/2018 (Regulamento de Imposto de Renda)[38] e no que tange a pessoa jurídica o limite é de um e meio por cento (1,5%) do lucro operacional das pessoas jurídicas no regime de Lucro Real. O regime de Lucro Real vem melhor definido no Artigo 257[39] do Regime de

[38] Art. 80. § 1º A soma das deduções a que se referem o inciso I ao inciso V do caput fica limitada a seis por cento do valor do imposto sobre a renda devido, para as quais não serão aplicados limites específicos, exceto em relação ao disposto no inciso III do caput , para o qual deve ser observado também o limite previsto no art. 99. (BRASIL. Decreto nº 9.580, de 22 de novembro de 2018. Diário Oficial da União. Brasília, DF. Disponível em <http://www.planalto.gov.br/ccivil_03/_ato2015-2018/2018/decreto/D9580.htm> Acesso em 22 mai. 2020.)

[39] Art. 257. Ficam obrigadas à apuração do lucro real as pessoas jurídicas: I – cuja receita total no ano-calendário anterior seja superior ao limite de R$ 78.000.000,00 (setenta e oito milhões de reais) ou proporcional ao número de meses do período, quando inferior a doze

Imposto de Renda, resumidamente são organizações que geram altos valores, normalmente grandes organizações, tendo como características importantes, por exemplo, a receita superior a 78 milhões de Reais, os integrantes do setor bancário e de investimentos, securitizadoras e multinacionais.

A dedução destes valores para os integrantes da faixa de Lucro Real é um incentivo e uma forma de atrair recursos vultuosos para diversas iniciativas de benefício à sociedade, uma vez que fica clara a capacidade financeira e de geração de impacto dos integrantes desta faixa de tributação.

Este é mais um exemplo de incentivo de cunho liberal, que aproxima do processo de desenvolvimento da sociedade o Segundo Setor, por uma política implementada pelo Primeiro Setor, que gera grandes benefícios também para o Terceiro Setor. Além do benefício fiscal obtido por estas empresas ficou evidente nas últimas duas décadas o crescimento do chamado Marketing Cultural, aonde grandes empresas financiaram um grande número de projetos, principalmente no escopo das Leis de Incentivo à Cultura e do Audiovisual, se valendo do repasse para estampar sua marca juntamente a grandes projetos de renomados artistas, que atingiriam o grande público, gerando um ganho institucional de imagem para a companhia.

meses; II – cujas atividades sejam de bancos comerciais, bancos de investimentos, bancos de desenvolvimento, agências de fomento, caixas econômicas, sociedades de crédito, financiamento e investimento, sociedades de crédito imobiliário, sociedades corretoras de títulos, valores mobiliários e câmbio, sociedades de crédito ao microempreendedor e à empresa de pequeno porte, distribuidoras de títulos e valores mobiliários, empresas de arrendamento mercantil, cooperativas de crédito, empresas de seguros privados e de capitalização e entidades abertas de previdência complementar; III – que tiverem lucros, rendimentos ou ganhos de capital oriundos do exterior; IV – que, autorizadas pela legislação tributária, usufruam de benefícios fiscais relativos à isenção ou à redução do imposto sobre a renda; V – que, no decorrer do ano-calendário, tenham efetuado pagamento mensal pelo regime de estimativa, na forma estabelecida no art. 219; VI – que explorem as atividades de prestação cumulativa e contínua de serviços de assessoria creditícia, mercadológica, gestão de crédito, seleção e riscos, administração de contas a pagar e a receber, compras de direitos creditórios resultante de vendas mercantis a prazo ou de prestação de serviços (factoring); VII – que explorem as atividades de securitização de créditos imobiliários, financeiros e do agronegócio; VIII – que tenham sido constituídas como sociedades de propósito específico, formadas por microempresas e empresas de pequeno porte, observado o disposto no art. 56 da Lei Complementar nº 123, de 2006; e IX – que emitam ações nos termos estabelecidos no art. 16 da nº Lei 13.043, de 2014. (BRASIL, 2014)

2. *Compliance*

O termo *Compliance* ("Compliance") deriva do verbo em inglês *"to comply"*, que em português pode ser traduzido como cumprir, executar, se conformar e agir de acordo a algo. As práticas de Compliance se encaixam na seara preventiva do direito, uma vez que é instância de adequação frente a normas, sejam estas advindas do sistema legal, muitas vezes por meio de órgãos reguladores, com a adequação de organizações públicas e privadas em respeito a tais normas jurídicas, bem como adequação a normas da própria cultura destas organizações, aspectos socioculturais, políticas de inclusão, diversidade e questões morais e éticas.

Portanto, na falta da existência de termo exato para tradução ao português, pode-se afirmar que Compliance se refere ao rigoroso cumprimento de regras e leis[40].

2.1 Conceito e aplicações no combate à corrupção

O Compliance em seu intuito inicial é considerado uma ferramenta de prevenção, combate e fiscalização de práticas de corrupção, fraudes contábeis e financeiras no âmbito empresarial. Ganhou força internacionalmente diante da ocorrência de diversos escândalos internacionais, nas esferas Pública e Privada que emergiram no passado. Escândalos políticos, como, por exemplo, o caso *Watergate* nos Estados Unidos da América[41], envolvendo obstrução de justiça e outros atos, que culminaram na renúncia do então presidente Richard Nixon, que se viu ameaçado de impeachment. Outra motivação foram escândalos corporativos, notadamente fraudes contábeis e de conflitos de interesse, como o escândalo envolvendo Enron Corporation, que empregava mais de 21.000 empregados e no ano 2000 cometeu fraudes contábeis e fiscais que determinaram sua falência, bem como a falência da Artur Andersen, empresa de auditoria das mais famosas. Executivos, contadores, instituições financeiras, auditores e advogados tiveram responsabilidade, ainda que parcial,

[40] GIOVANINI, Wagner. Compliance: a excelência na prática. São Paulo: [s. n.], 2014. p. 20.
[41] THE WASHINGTON POST. Watergate: The Unfinished Business. Washington, 1973. Disponível em:<https://www.wash ingt onpo st.com/wp-srv/national/longterm/watergate/articles/ 050173-2.htm>. Acesso em: 26 mai. 2020.

pelo colapso da empresa. Escândalos de suborno e distribuição de benefícios indevidos, como, por exemplo, o caso da *Lockheed Corporation*[42], fabricante de jatos e aviões militares, envolvendo suborno transnacional, ou seja, a companhia pagava propinas para comercializar seus aviões ao redor do mundo, chegando até a pagar propina para membro da casa real da Holanda. O caso descoberto nos anos de 1970 foi objeto do pragmático sistema estadunidense de enterrar o passado e corrigir o futuro. Porém, o escândalo foi crucial para o surgimento do *Foreign Corrupt Practices Act*, de 1977, legislação estadunidense de enorme importância no que tange a institucionalização de princípios éticos e práticas de Compliance.

A Organização para a Cooperação e Desenvolvimento Econômico – OCDE define corrupção da seguinte forma:

> A corrupção é o abuso de cargo público ou privado com fim de ganhos pessoais, incluindo atos de suborno, peculato, nepotismo ou captura de estado. É usualmente ligado e reforçado por outras práticas ilegais, como falsificação de propostas, fraude ou lavagem de dinheiro. (Tradução nossa)

Todavia, a legislação estadunidense trouxe à baila pela primeira vez o instituto do Compliance em 1950, com a fundação da *Prudential Securities* e em 1960 da *Securities and Exchange Comission – SEC* (equivalente a Comissão de Valores Mobiliários do Brasil). Em 1960, marcam nascimento e ascensão do Compliance nos Estados Unidos, com a insistência e recomendação da SEC sobre a contratação de *Compliance Officers* por empresas reguladas pela comissão. Tal profissional é incumbido de criar procedimentos internos de controle, treinamentos de pessoal com o fulcro de conscientizar e coibir atividades ilícitas, supervisionar eventuais atividades suspeitas, entre outras funções de cunho preventivo e fiscalizador. Iniciando um movimento vital para o desenvolvimento no âmbito do Mercado de Capitais estadunidense, que logo se transporia para outros países.

A década de 1970 marca a expansão do Compliance, de apenas um mecanismo de controle de estruturas e práticas empresariais para o desenvolvimento

[42] HALLORAN, Richard. Scandal Costs Lockheed $ 1.3 Billion Sale to Japan. THE NEW YORK TIMES. 11 fev. 1976. Disponível em <https://www.nytimes.com/1976/02/11/archives/scandal-costs-lockheed-13-billion-sale-to-japan-scandal-costs.html> Acesso em: 26 mai. 2020.

de diversos dispositivos e práticas de Compliance voltados para os setores público e privado, sacramentado em 1977 com a Convenção Relativa à Obrigação de Diligência dos Bancos Suíços e a publicação, também em 1977, do *Foreign Corrupt Practices Act – FCPA*, legislação extensa e referencial no combate a práticas de corrupção e suborno transnacional, com a sua jurisdição extrapolando o território estadunidense, sendo passíveis de punição atos de agentes estrangeiros, bem como atos em solo estrangeiro que gerem consequências aos EUA.

Com suas instituições fragilizadas, bem como sua reputação manchada no cenário político econômico mundial, o FCPA tinha inicialmente o intuito de recuperar a credibilidade e confiança dos EUA e reduzir a distribuição de benefícios ilegais por meio da criminalização da conduta de suborno de funcionários públicos estrangeiros. Foi a primeira norma a criminalizar tal conduta no mundo.

Sob este novo prisma o país norte-americano ganhou um nível de rigidez maior no combate a práticas de corrupção e começou a incentivar a necessidade da criação de dispositivos legais para mitigação, prevenção e punição da corrupção a nível internacional, cobrando uma adequação também das outras nações, buscando evitar um desequilíbrio concorrencial, principalmente na disputa por mercados internacionais. Em que pese, mais ainda quando falamos sobre países subdesenvolvidos, que devido à fraca institucionalização política são mais suscetíveis à ocorrência deste tipo de prática. Sobre este fenômeno discorre o autor Fernando Filgueiras[43]:

> [...] para a sociologia da modernização, há uma relação necessária entre corrupção e modernização, uma vez que cenários de larga corrupção definem uma baixa institucionalização política e, por sua vez, uma ordem fraca para a mediação e adjudicação de conflitos.

[43] FILGUEIRAS, Fernando. Corrupção, democracia e legitimidade. 1. ed. Belo Horizonte: UFMG, 2008. p. 394, apud CORDEIRO, Carla Priscilla Barbosa Santos. A Corrupção sob um Prisma Histórico-Sociológico: Análise de suas Principais Causas e Efeitos. Revista Eletrônica Direito e Conhecimento, Arapiraca/al, v. 1, n. 2, p.67-93, jul. 2017. Disponível em: <http://revistas.cesmac.edu.br/in dex.php/dec/article/view/670>. Acesso em: 26 mai. 2020.

Porém, não há de se depreender da citação que a corrupção é condição inerente ao status de nação subdesenvolvida, pois a própria condição de subdesenvolvimento é fenômeno de dominação, como sugere Celso Furtado[44]. Assim querendo dizer que a condição é consequência da relação de dominação das nações mais desenvolvidas em face das menos desenvolvidas, devendo-se então exigir das nações mais desenvolvidas a quebra do *status quo* vigente que alicerça tal estrutura de dominação por meio do auxílio da elevação ética e institucional das estruturas de Governança Pública.

Neste sentido e também com o intuito de diminuir os desequilíbrios no âmbito da concorrência de mercados internacionais que se valem de estruturas mais frouxas. O FCPA passou por uma reforma extensa em 1988, que alargou mais ainda as definições de percepção de formas de vantagens ilegais e de suborno transnacional. A reforma gerou forte pressão feita pelos EUA nos países membros da OCDE, para que estes aderissem às práticas e medidas previstas no FCPA, com regimentos parecidos em seus sistemas legais. Sobre o contexto econômico da época e suborno transnacional discorre Leila Bijos[45]:

> Tal contexto de assimetria concorrencial no mercado externo era severamente criticado pela comunidade empresarial norte-americana.
> [...]
> Tornava-se evidente a necessidade de que outros países também adotassem o mesmo tipo de legislação, para que se evitassem desequilíbrios concorrenciais na disputa por mercados internacionais, notadamente nos países em desenvolvimento, os quais, pela sua própria condição, estavam mais suscetíveis ao suborno transnacional.

Fica claro aqui que os empresários estadunidenses se sentiram prejudicados ao concorrer com empresários de outros países, onde não havia regras que coibissem a corrupção transnacional, inclusive via adoção de leis claras e contundentes que seguissem o padrão estadunidense.

[44] FURTADO, Celso. Desenvolvimento e subdesenvolvimento. 5. ed. Rio de Janeiro: Contraponto, Centro Internacional Celso Furtado, 2009. p. 237

[45] BIJOS, Leila; NÓBREGA, Antonio Carlos Vasconcellos. Suborno transnacional: A nova realidade normativa brasileira. Revista de Informação Legislativa (RIL), Brasília, v. 207, n. 52, p.239-259, jul. 2015. Disponível em: <http://www2.senado.gov.br/bdsf/handle/id/515196>. Acesso em: 27 mai. 2020.

Com a mencionada reforma no FCPA[46] trazendo mais ainda os olhos da comunidade internacional para o problema da corrupção, somado ao constante e significativo aumento do nível de globalização da economia mundial, muito devido ao avanço da tecnologia e facilitação de relações comerciais internacionais, ocorre no fim do Século XX o período fértil de edição e ratificação de Leis e Convenções, nacionais e internacionais, versando sobre corrupção, suborno transnacional, percepção de benefícios ilegais e práticas similares, destacando a responsabilização criminal e administrativa dos agentes corruptores. Podemos citar alguns dos principais institutos surgidos neste período e no período subsequente.

A Resolução elaborada em 1996 pelo Comitê de Assuntos Fiscais da OCDE, que recomendava aos Estados membros que impossibilitassem a dedutibilidade de subornos aos funcionários públicos estrangeiros, sugerindo a adoção da medida também pelos não membros[47].

Também em 1996 ocorreu na Venezuela a edição da Convenção Interamericana contra a Corrupção, recepcionada pelo ordenamento jurídico brasileiro na figura do Decreto nº 4.410/2002, visando o desenvolvimento de novos mecanismos e fortalecimento das estruturas já existentes de combate, prevenção, detecção e punição da corrupção com objetivo de erradicá-la. Com o intuito de gerar maior efetividade, a Convenção também criou formas de simplificar a cooperação entre os Estados Parte, estes que tinham certa liberdade e autonomia quanto a forma de incorporação e concretização das medidas ali dispostas em seus sistemas legais[48].

[46] "The 1988 Amendments establish an executive charge to foster global adherence to the principles and policies of the FCPA. They request the President to seek the cooperation of OECD members in adopting FCPA standards and to report to Congress on progress in this effort" (SALBU, S. R. Bribery in the Global Market: a Critical Analysis of the Foreign Corrupt Practices Act. Washington and Lee Law Review, v. 54, n. 1, article 6, p. 229-289, 1997. Disponível em: <http://scholarlycommons.law.wlu.edu/cgi/viewcont ent.cgi?article=1611 &context=wlulr>. Acesso em: 28 mai. 2020.)

[47] FRANÇA. Resolução nº C (96) 27. Recommendation Of The Council On The Tax Deductibility Of Bribes To Foreign Public Officials. OCDE. Paris, França, 17 abr. 1996. Disponível em: <http://www.oecd.org/officialdocuments/publ icdisplaydocumentpdf/?doclanguage=e n&cote=c(96)2>. Acesso em: 29 mai. 2020.

[48] BRASIL. Decreto nº 4.410, de 07 de outubro de 2002. Diário Oficial da União. Brasília, DF. Disponível em: <http://www.planalto.gov.br/ccivil_03/decreto/2002/D4410.htm>. Acesso em: 29 mai. 2020.

Em 1997 sobreveio a Convenção sobre o Combate da Corrupção de Funcionários Públicos em Transações Comerciais Internacionais, da qual o Brasil é signatário. Ela foi ratificada em 2000 e promulgada pelo Decreto nº 3.678/2000[49]. A Convenção trouxe diversos dispositivos e exigências que endurecem mais ainda a luta contra a corrupção pública, devendo os países signatários tomarem medidas como a determinação de criminalização do suborno, mesmo que este não se concretize, não admitindo forma tentada. O mero oferecimento de vantagem indevida já caracteriza crime do agente que oferecer esta vantagem indevida. Ademais, a disposição de normas contábeis e tributarias visando coibir práticas de lavagem de dinheiro e instituindo a necessidade de responsabilização das pessoas jurídicas por práticas de seus agentes em atos cometidos nos países signatários, importante base para a Lei Anticorrupção Brasileira de 2013.

Já no início do século XXI, no sistema jurídico dos Estados Unidos da América em 2002, surge a Sarbarnes-Oxley *Act* (SOx)[50], com foco na instituição de práticas de boa governança, auditoria, segurança e transparência para empresas, principalmente em companhias de capital aberto, aumentando a confiabilidade dos seus *stakeholders*[51]. A SOx surge após a ocorrência de grandes escândalos por parte de grandes empresas, como, por exemplo, o já mencionado escândalo de fraude contábil cometido pela empresa de energia Enron Corporation que, por meio de manipulação de livros contábeis gerava números, resultados de faturamento e lucro irreais, que atraíram muitos investimentos e alta valorização da empresa na Bolsa de Valores. O ativo chegou a

49 Artigo 1, "1": Cada Parte deverá tomar todas as medidas necessárias ao estabelecimento de que, segundo suas leis, é delito criminal qualquer pessoa intencionalmente oferecer, prometer ou dar qualquer vantagem pecuniária indevida ou de outra natureza, seja diretamente ou por intermediários, a um funcionário público estrangeiro, para esse funcionário ou para terceiros, causando a ação ou a omissão do funcionário no desempenho de suas funções oficiais, com a finalidade de realizar ou dificultar transações ou obter outra vantagem ilícita na condução de negócios internacionais. [...] BRASIL. Decreto nº 3.678, de 30 de novembro de 2000. Diário Oficial da União. Brasília, DF, 30 nov. 2000. Disponível em: <http://www.planalto.gov.br/ccivil_03/decreto/D3678.htm>. Acesso em: 29 mai. 2020.

50 USA, Public Law. Sarbarnes-Oxley Act. 30 jul. 2002. Disponível em: < https://www.govinfo.gov/content/pkg/PLAW-107publ204/pdf/PLAW-107publ204.pdf>. Acesso em 29 mai. 2020

51 *Stakeholder* é um termo da língua inglesa que tem como significado "grupo de interesse". Fazem parte deste grupo pessoas que possuem algum tipo de interesse nos processos e resultados da empresa. Exemplo: acionistas, investidores, proprietários, entre outros.

ser negociado à U$ 90 em agosto de 2000 antes de o escândalo ser deflagrado e levar a companhia à falência no ano seguinte.

Em 2003 ocorreu a Convenção das Nações Unidas contra a Corrupção, recepcionada no ordenamento jurídico brasileiro por meio do Decreto nº 5.687/2006[52], também visando o fortalecimento de estruturas internacionais para o combate da corrupção, com um aceno forte quanto a necessidade de maior *accountability*[53] das pessoas jurídicas. Se utiliza de fundamentos constantes da SOx, como a previsão de melhora nos mecanismos de controles internos e auditoria do setor privado, principalmente nas normas contábeis. Vê-se uma correlação com a edição da SOx e os recentes escândalos contábeis do Segundo Setor.

A *SOx* tem efeitos importantes para companhias brasileiras que negociem ações[54] e outros títulos (*Bonds*[55]) nas bolsas americanas.

Derradeiramente, cabe citar o *UK Bribery Act*[56], editado no Reino Unido em 2009 após forte pressão popular, e da OCDE, por falta de uma legislação mais específica e adequada quanto às práticas de corrupção, subornos de agentes públicos, nacionais ou internacionais no Reino Unido. Começou a vigorar em 2010, devido à menção sobre a possibilidade da incidência de corrupção nas

[52] BRASIL. Decreto nº 5.687, de 31 de janeiro de 2006. Diário Oficial da União. Brasília, DF. Disponível em: <http://www.planalto.gov.br/ccivil_03/_ato2004-2006/2006/decreto/d5687.htm>. Acesso em: 29 mai. 2020.

[53] *Accountability* é um termo da língua inglesa que pode ser traduzido para o português como responsabilidade com ética e remete à obrigação, à transparência, de membros de um órgão administrativo ou representativo de prestar contas a instâncias controladoras ou a seus representados.

[54] Principais requisitos da Lei: Requisitos da lei Controlar a criação, edição e versionamento dos documentos em um ambiente de acordo com os padrões ISO, para controle de todos os documentos relativos à seção 404; Cadastrar os riscos associados aos processos de negócios e armazenar os desenhos de processo; Utilizar ferramentas como editor de texto e planilha eletrônica para criação e alteração dos documentos da seção 404; Publicar em múltiplos websites os conteúdos da seção 404; Gerenciar todos os documentos controlando seus períodos de retenção e distribuição; Digitalizar e armazenar todos os documentos que estejam em papel, ligados à seção 404.

[55] *Bonds* são os títulos de renda fixa no exterior. São emitidos por empresas ou países para arrecadar dinheiro no mercado para financiar projetos ou atividades em troca de juros aos investidores. Em geral são ativos em dólar ou na moeda local do emissor do bond.

[56] UK LEGISLATION. UK Bribery Act, 2010. Disponível em <http://www.legislation.gov.uk/ukpga/2010/23/contents>. Acesso em 29 mai. 2020.

atividades relacionadas à preparação e realização das Olimpíadas de 2012, em Londres. O *UK Bribery Act* vai além das normas anteriores por contemplar também o suborno entre "qualquer pessoa", não apenas nos casos envolvendo agentes públicos, como ocorria, por exemplo, no *FCPA*.

Em 2013 no Brasil, após três anos de tramitação até sua promulgação, a Lei nº 12.846/201359[57] inicia seu período de vigência no início do ano seguinte à sua publicação. Nasce então a chamada Lei Anticorrupção Brasileira, posteriormente sendo regulamentada pelo Decreto nº 8.42060[58], de março de 2015, trazendo este, entre outras novidades, a inclusão do Programa de Integridade à norma em questão, que assim o definiu:

Programa de integridade consiste, no âmbito de uma pessoa jurídica, no conjunto de mecanismos e procedimentos internos de integridade, auditoria e incentivo à denúncia de irregularidades e na aplicação efetiva de códigos de ética e de conduta, políticas e diretrizes com objetivo de detectar e sanar desvios, fraudes, irregularidades e atos ilícitos praticados contra a administração pública, nacional ou estrangeira.

A Lei ganhou mais visibilidade com a notória importância da Operação Lava-Jato e seus impactos, que à época do Decreto estava no início de sua fase crucial, levando à prisão, diversos políticos[59], entre eles figuras notórias, como o ex-presidente Luiz Inácio Lula da Silva. Somado ao contexto da operação Lava-Jato, a realidade é que há uma já frequente incidência de casos de corrupção envolvendo políticos, agentes públicos das diversas esferas do poder e membros do Segundo Setor. A Lei e seu Decreto regulamentador serão abordados ao longo do trabalho, especialmente no próximo subcapítulo.

> "[A corrupção] gera menor investimento direto estrangeiro (Habib e Zurawicki, 2002), além de limitar a criação de novas empresas e o investimento

[57] BRASIL. Lei nº 12.846, de 01 de agosto de 2013. Diário Oficial da União. Brasília, DF. Disponível em: < http://www.planalto.gov.br/ccivil_03/_ato2011-2014/2013/lei/l12846.htm>. Acesso em: 30 mai. 2020.

[58] BRASIL. Decreto nº 8.420, de 18 de março de 2015. Diário Oficial da União. Brasília, DF. Disponível em: <http://www.planalto.gov.br/ccivil_03/_ato2015-2018/2015/decreto/d8420.htm>. Acesso em: 29 mai. 2020.

[59] Os Condenados da Lava Jato. G1, Globo. Publicado em 21 de setembro de 2015. Atualizado em 07 de maio de 2020. Disponível em <https://especiais.g1.globo.com/politica/2015/lava-jato/condenados-da-lava-jato/>. Acesso em: 30 mai. 2020.

daquelas existentes. Mesmo que em países com instituições incompletas (De Vaal, e Ebben, 2011) ou em alguns setores possa funcionar como facilitador de investimentos (Dreher e Gassebner, 2013), no agregado, limita a taxa de crescimento de longo prazo. Pior ainda, corrupção reduz o nível ótimo de impostos (Aghion et al, 2016), o que significa que, no caso brasileiro, a elevada carga tributária potencializa ainda mais os efeitos negativos da corrupção sobre o crescimento de longo prazo".(ZEIDAN, R. 2016, p.53)[60]

Cabe uma rápida digressão, após citar importantes marcos no desenvolvimento do Compliance nacional e internacional como ferramenta de mitigação, combate e prevenção de práticas de corrupção, para alargar um pouco o escopo desta análise sobre Compliance. Trata-se de que outras áreas são beneficiadas pelas boas práticas provenientes do Compliance, que abrangem e incentivam, por exemplo, a cultura ética e moral em sentido amplo. Neste sentido, diz Marcos Assi[61]:

> Há uma grande tendência de caracterizar o compliance como uma atividade operacional ("estar em compliance") e não estratégica ("ser compliant"), alinhada à identidade organizacional e a comportamentos éticos. Estar em compliance é cumprir a legislação e as políticas internas por mera obrigação ou para reduzir eventuais penalidades, caso a organização sofra uma punição. Ser compliant é o cumprimento consciente e deliberado da legislação e de políticas internas, guiado pelos princípios e valores que compõem a identidade da organização, visando sua longevidade. Nesse sentido, buscamos ressaltar também como finalidade do sistema de compliance a integridade, não no sentido estrito das medidas voltadas para a prevenção de ilícitos, mas como a coerência entre pensamento, discurso e ação, buscando fortalecer a cultura e a reputação da organização.

Aqui um ponto fundamental deste trabalho: o Compliance vai muito além da mera prevenção de práticas de corrupção. É também responsável por lidar com temas regulatórios na estrutura das organizações que possuem a sua regulação advinda de algum órgão regulador. No âmbito do Compliance

60 ZEIDAN, R. Corrupção, Desenvolvimento Institucional e Crescimento de Longo Prazo. Revista dos Tribunais. São Paulo, v. 967/2016, p. 51-56, mai. 2016, p. 53.

61 ASSI, Marcos. Gestão de Compliance e seus desafios. 1. ed. São Paulo, SP: Saint Paul, 2013. p. 50

Regulatório, surge, por exemplo, o Compliance Financeiro Empresarial, que se presta a adequar as estruturas das empresas com as normas emitidas, por exemplo, pelo Banco Central e a Comissão de Valores Mobiliários; o Compliance na Administração Pública, que em 2016 recebe um marco normativo por meio da Instrução Normativa Conjunta n.01[62], sancionada pela Controladoria Geral da União, dispondo expressamente da adoção de Compliance pela entidade; bem como o Compliance do Terceiro Setor, onde encontramos alto nível de informalidade e desorganização, mesmo com diversas normas versando sobre o assunto. Há uma evidente lacuna no Terceiro Setor, principalmente para as organizações de menor dimensão. Na vanguarda, temos o Compliance Digital, mormente preocupado com a questão de tratamento de dados pessoais, que em breve ganha no Brasil forte diretriz de conformidade com o início da vigência da Lei nº 13.709/2018[63], Lei Geral de Proteção de Dados, previsto para maio de 2021, conforme dispõe o Artigo 65, II da referida Lei.

Deduzimos que temos um campo de atuação extremamente vasto se entendermos a Gestão de Compliance em caráter preventivo, na adequação à normas legais, de regulação setorial e de fins específicos, com intuito de evitar ilicitudes em diversos graus, para diversos setores de atividade, ainda mais em um país com uma estrutura jurídica e burocrática vasta e por muitas vezes desorganizada e intrincada como o Brasil.

Podem ser utilizados políticas de Compliance e programas organizados para elaborar guias de boas práticas e ética às organizações, não apenas no exercício das suas atividades laborais, mas também de normas de convivência e respeito, trabalhando para gerar ambiente de trabalho inclusivo e pautado no respeito, buscando evitar a incidência de casos de assédio moral e sexual, racismo e discriminação, bem como casos de compartilhamento de informações indevidas dentro das organizações[64].

62 BRASIL, Instrução Normativa Conjunta n.01 de 11 de maio de 2016. Diário Oficial da União, ed. 89, seção 1, p. 14. Brasília, DF. Disponível em: < http://www.in.gov.br/materia/-/asset_publisher/Kujrw 0TZC2Mb/content/id/215 1 9355/do1-2016-05-11-instrucao-normativa--conjunta-n-1-de-10-de-maio-de-2016-21519197> Acesso em: 30 mai. 2020.

63 BRASIL. Lei nº 13.709/2018, de 14 de agosto de 2018. Diário Oficial da União. Brasília, DF. Disponível em: <http://www.planalto.gov.br/ccivil_03/_ato2015-2018/2018/lei/L13709.htm>. Acesso em: 30 mai. 2020.

64 O *chinese wall* é um conjunto de medidas que uma instituição financeira toma para separar a gestão dos seus próprios recursos em relação aos recursos e interesses de terceiros. Essa

Porém, não devemos confundir Compliance com auditoria interna, ambas visam analisar possíveis falhas estruturais frente a Normas e Órgãos Reguladores, bem como agir na prevenção de práticas possivelmente danosas à organização a qual se encontram. Ambas se diferem principalmente pela periodicidade, pois as práticas de Compliance, no Brasil, muitas vezes por meio do Programa de Integridade, são contínuas e com escopo de atuação maior que a auditoria interna, que por muitas vezes se atém ao foco contábil e com periodicidade e maneira aleatória, além de possuírem poderes diferentes, já que o Compliance tem também por característica o poder de investigação e remediação de problema eventualmente detectado, enquanto a auditoria somente se presta a detecção. Concomitantemente, não se confunde a atividade de Compliance com a do departamento jurídico das organizações, uma vez que o foco do jurídico é estritamente legal e tem poder executor de contratos e demandas processuais, entre outras. O compliance visa a disseminação e consolidação de cultura ética, prevenção e remediação de atos ilícitos ou antiéticos, inclusive do setor jurídico.

Cabe ainda um breve comentário sobre a diferença entre Compliance e Governança Corporativa, esta muito mais voltada aos administradores das empresas que devem seguir regras de gestão, de transparências, de impessoalidade administrativa, tanto para o público interno como para o Mercado.

O Compliance e práticas decorrentes deste são pilares integrantes da boa Governança. Segundo definição da Comissão de Valores Mobiliários (CVM), Governança é:

> Conjunto de práticas que tem por finalidade otimizar o desempenho de uma companhia ao proteger todas as partes interessadas, tais como investidores, empregados e credores, facilitando o acesso ao capital. A análise das práticas de governança corporativa aplicada ao mercado de capitais envolve, principalmente: transparência, equidade de tratamento dos acionistas e prestação de contas.[65]

regulamentação é feita tanto pela da Resolução 2486/98, do Banco Central, quanto pela Instrução 306/99 da CVM.

[65] COMISSÃO DE VALORES MOBILIÁRIOS. Recomendações da CVM sobre governança corporativa. [S.l.]:CVM, 2002. Disponível em: <http://www.cvm.gov.br/export/sites/cvm/decisoes/anexos/0001/3935.pdf>. Acessoem: 28 mai. 2020.

Portanto Governança possui espectro mais amplo e tem no Compliance um pilar e forte aliado em se fazer concreta as aspirações e condutas que compõe uma boa Governança.

Figura central da efetividade das práticas de Compliance Anticorrupção no Brasil é o Programa de Integridade, que se tornou ativo valioso em termos de competitividade mercadológica, principalmente nas grandes empresas integrantes do Segundo Setor. Conforme já se mencionou neste trabalho, o Decreto nº 8.420/2015 trouxe a figura do Programa de Integridade para o ordenamento jurídico, que seria uma "espécie de programa de Compliance específico focado na não incorrência, prevenção, detecção e reparação dos atos lesivos previstos na Lei nº 12.846/2013"[66]. Auxiliando no processo de desenvolvimento da Cidadania Empresarial, compartilhando a responsabilidade de fiscalização de possíveis ilícitos.

Em 2017 ocorreu a publicação do Decreto nº 9.203/2017[67], dispondo sobre requisitos e fundamentos da política de boa Governança Pública na esfera Federal, direta, indireta, autárquica e fundacional, a definindo como "o conjunto de mecanismos de liderança, estratégia e controle postos em prática para avaliar, direcionar e monitorar a gestão, com vistas à condução das políticas públicas e à prestação de serviços de interesse da sociedade". Sendo princípios da boa Governança na Administração Pública, nos termos do Artigo 3º[68] do decreto mencionado: capacidade de resposta; integridade; confiabilidade; melhoria regulatória; prestação de contas e responsabilidade e transparência[69].

[66] BRASIL. Ministério da Transparência e Controladoria-Geral da União. Programa de integridade: diretrizes para empresas privadas. Brasília: CGU, 2015. p. 6.

[67] BRASIL. Decreto nº 9.203, de 22 de novembro de 2017. Diário Oficial da União. Brasília, DF. Disponível em: < http://www.planalto.gov.br/ccivil_03/_ato2015-2018/2017/decreto/D9203.htm>. Acesso em: 30 mai. 2020.

[68] Art. 3º São princípios da governança pública: I – capacidade de resposta;II – integridade; III – confiabilidade; IV – melhoria regulatória; V – prestação de contas e responsabilidade; e VI – transparência. (BRASIL, 2017)

[69] "A discussão sobre a origem da governança pública está associada com os debates da governança corporativa. A partir do momento em que as organizações passaram a ser administradas por pessoas distintas dos seus proprietários, surgiu a necessidade de criar regras para mitigar eventuais conflitos de interesses. São preocupações da governança, entre outras: a prestação de contas e a transparência. Contudo, no caso da governança pública, que envolve as regras que são voltadas à boa gestão da Administração Pública, há preocupações também com uma faceta de legitimidade ainda maior, dado que o poder exercido pela Administração se dá em

2.2 A lei 12.846/2013, Lei Anticorrupção Brasileira e o Decreto Regulamentador 8.420/2015

Com um hiato de três anos entre sua propositura e sua aprovação, derivada da necessidade da adequação do sistema jurídico brasileiro às Normas e Convenções já citadas, além de um sistema historicamente corrupto, cumulado à falha de mitigação da incidência de corrupção de dispositivos publicados anteriormente à Lei Anticorrupção, como a Lei de Improbidade Administrativa e a Lei de Licitações, que estruturalmente possuíam boas bases para conduzir boas práticas e a diminuição de casos de corrupção, esta não ocorreu. Uma vez que faltavam em certo grau maiores formas de dissuasão e punição de agentes corruptores. Principalmente na forma de responsabilização das pessoas jurídicas de direito privado que se prestarem à nefasta prática de corrupção.

A Lei Anticorrupção Brasileira (LAB) se vale de diversos dispositivos presentes nas Leis e Convenções antes citadas, principalmente do FCPA e UK Bribery Act. Seu nascimento se dá com o envio da *Proposta de regulamentação da responsabilidade administrativa e civil de pessoas jurídicas por atos lesivos à Administração Pública nacional e estrangeira*, enviada em outubro de 2009 ao Presidente da República. A proposta tinha como causa motivadora combater os males da corrupção, buscando maior responsabilização das pessoas jurídicas, aumentar o nível de envolvimento de órgãos da Administração Pública no combate à corrupção, visando a adequação do ordenamento jurídico brasileiro aos compromissos firmados anteriormente a nível internacional, que ainda não haviam sido integrados à estrutura normativa da nação. Tal movimentação gerou o Projeto de Lei nº 6.826/2010, enviado pelo executivo, que seria aprovado em julho de 2013, se transformando na Lei Anticorrupção Brasileira. Iniciando sua vigência em janeiro de 2014, sendo posteriormente regulamentada por meio do Decreto nº 8.420/2015, datado de março de 2015, trazendo mais novidades e melhorias à Lei e ao combate da corrupção no Brasil.

Um dos principais mecanismos de dissuasão da corrupção contidos na lei se faz presente logo em seu primeiro artigo, a questão da responsabilização

virtude do cumprimento de uma função que visa à satisfação dos interesses da coletividade, conforme a própria definição do decreto que regulamenta a governança pública". MAXIMIANO, Amaru; NOHARA, Irene. Gestão pública: abordagem integrada da administração e do direito administrativo. São Paulo: GEN/Atlas, 2017. p. 330.

objetiva das pessoas jurídicas nos atos de corrupção, nas esferas civil e administrativa.

> Art. 1º Esta Lei dispõe sobre a responsabilização objetiva administrativa e civil de pessoas jurídicas pela prática de atos contra a administração pública, nacional ou estrangeira.
> Parágrafo único. Aplica-se o disposto nesta Lei às sociedades empresarias e às sociedades simples, personificadas ou não, independentemente da forma de organização ou modelo societário adotado, bem como a quaisquer fundações, associações de entidades ou pessoas, ou sociedades estrangeiras, que tenham sede, filial ou representação no território brasileiro, constituídas de fato ou de direito, ainda que temporariamente.[70]

O Artigo 2º faz menção a ausência de necessidade de exclusividade de interesse no benefício obtido, abrangendo a punibilidade para terceiros que se relacionem com o agente infrator e possivelmente podem se beneficiar de práticas de corrupção[71]. Com a possibilidade da responsabilização objetiva das pessoas jurídicas há, independentemente de culpa ou dolo, a possibilidade de punição civil e administrativa das pessoas jurídicas que se beneficiarem de práticas de corrupção, como dito antes, sem a necessidade da verificação de culpa ou dolo na ação. Apenas o conhecimento do fato basta para responsabilização da pessoa jurídica, que terá como punição na esfera civil (Artigo 19, I)[72] a obrigação de ressarcir o dano causado, o que apesar de ser referido como sanção no texto legal não pode ser considerado como tal, uma vez que busca reparar danos sofridos pelo Poder Público.

70 Art. 2º As pessoas jurídicas serão responsabilizadas objetivamente, nos âmbitos administrativo e civil, pelos atos lesivos previstos nesta Lei praticados em seu interesse ou benefício, exclusivo ou não. (BRASIL, 2013)

71 Art. 2º As pessoas jurídicas serão responsabilizadas objetivamente, nos âmbitos administrativo e civil, pelos atos lesivos previstos nesta Lei praticados em seu interesse ou benefício, exclusivo ou não. (BRASIL, 2013)

72 Art. 19. Em razão da prática de atos previstos no art. 5º desta Lei, a União, os Estados, o Distrito Federal e os Municípios, por meio das respectivas Advocacias Públicas ou órgãos de representação judicial, ou equivalentes, e o Ministério Público, poderão ajuizar ação com vistas à aplicação das seguintes sanções às pessoas jurídicas infratoras: I – perdimento dos bens, direitos ou valores que representem vantagem ou proveito direta ou indiretamente obtidos da infração, ressalvado o direito do lesado ou de terceiro de boa-fé; (BRASIL. 2013)

Porém o Artigo 1º cita somente a possibilidade de responsabilização da pessoa jurídica, apenas de forma objetiva, uma vez que se faz complicada a depreensão de vontade subjetiva de pessoa jurídica, por faltarem a estes requisitos básicos de subjetividade:

> A pessoa jurídica, dotada de personalidade criada pelo direito, não possui, naturalmente, vontade ou consciência, circunstância que lhe afasta do alcance da culpabilidade, pessoalidade da pena, exigências de dolo ou culpa, e mesmo individualização da sanção.
> [...] as pessoas jurídicas, por seu caráter fictício, atuam sob o domínio dos homens, em geral de uma pluralidade de vontades, sendo que, em si mesmas, não estão dotadas desses atributos humanos[73].

Contudo, a falta de responsabilidade penal subjetiva da pessoa jurídica por falta de pessoalidade desta, não impossibilita a responsabilização penal individual de sujeitos e agentes, leia-se na forma de pessoa física, que se valeram de suas posições em pessoas jurídicas para cometer ato de lesivo à Administração Pública, sobre tal dispõe o Art. 3º:

> Art. 3º A responsabilização da pessoa jurídica não exclui a responsabilidade individual de seus dirigentes ou administradores ou de qualquer pessoa natural, autora, coautora ou partícipe do ato ilícito.
> §1º A pessoa jurídica será responsabilizada independentemente da responsabilização individual das pessoas naturais referidas no caput.
> §2º Os dirigentes ou administradores somente serão responsabilizados por atos ilícitos na medida da sua culpabilidade.[74]

Quanto à responsabilização administrativa da pessoa jurídica, também possibilitada pela Lei, esta decorre do poder de polícia estatal, visando a proteção sobre atividades que podem afetar a coletividade protegida por este, acarretando em eventuais punições, de caráter, de fato punitivo, não indenizatório

[73] (SIMÃO, Valdir Moysés; VIANNA, Marcelo Pontes. O Acordo de Leniência na Lei Anticorrupção: histórico, desafios e perspectivas. São Paulo: Trevisan, 2017, p. 29, apud SANTOS, José Anacleto Abduch et. al. Comentários à Lei 12.846: Lei anticorrupção. 2. ed. rev., atual. e ampl. São Paulo: Revista dos Tribunais, 2015. p. 426.)
[74] BRASIL, 2013

como antes referido. Os atos lesivos à administração pública dos quais a Lei trata vem elencados no Artigo 5º[75], em rol exemplicativo.

Sendo verificadas algumas das condutas acima mencionadas, o agente incorrerá nas sanções pecuniárias dispostas no Artigo 6º [76], que podem ser aplicadas de maneira cumulada ou isolada.

As sanções podem gerar multa na importância de 0,1% a 20% do faturamento bruto do último exercício financeiro, descontados os tributos, a publicação extraordinária da sentença condenatória, sem eximir a obrigação da reparação integral do dano. A pessoa jurídica que se encontrar condenada, sem Acordo de Leniência, nos termos da referida Lei será registrada no Conselho Nacional de Empresas Punidas – CNEP, visando publicidade das sanções, conforme Artigo. 22[77] da Lei. Disponível para consulta no Portal Da Transparência. Punição importante também se encontra no Artigo 19, IV[78], que impossibilita, de um a cinco anos, a recepção de subsídios e incentivos advindos do Setor Público, proibição que seria altamente prejudicial às organizações que se sustentam com subsídios e incentivos públicos, por meio de Leis de Incentivo e Fomento, por exemplo, organizações que são parte do Terceiro Setor.

[75] Idem

[76] Art. 6º Na esfera administrativa, serão aplicadas às pessoas jurídicas consideradas responsáveis pelos atos lesivos previstos nesta Lei as seguintes sanções: I – multa, no valor de 0,1% (um décimo por cento) a 20% (vinte por cento) do faturamento bruto do último exercício anterior ao da instauração do processo administrativo, excluídos os tributos, a qual nunca será inferior à vantagem auferida, quando for possível sua estimação; e II – publicação extraordinária da decisão condenatória. (BRASIL, 2013)

[77] Art. 22. Fica criado no âmbito do Poder Executivo federal o Cadastro Nacional de Empresas Punidas - CNEP, que reunirá e dará publicidade às sanções aplicadas pelos órgãos ou entidades dos Poderes Executivo, Legislativo e Judiciário de todas as esferas de governo com base nesta Lei. [...]§ 2º O Cnep conterá, entre outras, as seguintes informações acerca das sanções aplicadas: I – razão social e número de inscrição da pessoa jurídica ou entidade no Cadastro Nacional da Pessoa Jurídica - CNPJ; II – tipo de sanção; e III – data de aplicação e data final da vigência do efeito limitador ou impeditivo da sanção, quando for o caso. (BRASIL, 2013)

[78] Art. 19. Em razão da prática de atos previstos no art. 5º desta Lei, a União, os Estados, o Distrito Federal e os Municípios, por meio das respectivas Advocacias Públicas ou órgãos de representação judicial, ou equivalentes, e o Ministério Público, poderão ajuizar ação com vistas à aplicação das seguintes sanções às pessoas jurídicas infratoras:[...] IV – proibição de receber incentivos, subsídios, subvenções, doações [...] (BRASIL, 2013)

O Acordo de Leniência, para Juliano Heinen, é ato administrativo discricionário e bilateral, tendo vocação preventiva e reativa à corrupção, podendo advir de uma proposta unilateral da pessoa jurídica. Porém a aceitação é facultada ao poder público[79]. O Acordo de Leniência é uma evolução da figura do *Whistleblower*[80] para a pessoa jurídica, sendo acordo de cooperação do agente corruptor, admitindo sua participação no ilícito, cessando a participação neste, cooperação plena e permanente com as investigações e com o processo administrativo, desde que a pessoa jurídica seja a primeira a se manifestar sobre a vontade de cooperar para a apuração do ato ilícito, requisitos estes constantes do Artigo 30 do Decreto Regulamentador. O Processo Administrativo de Responsabilização (PAR) vem contido originalmente nos Artigos 8º a 15 da LAB e é apresentado com maior especificidade nos artigos 2 a 27 do Decreto 8.420, estabelecendo as diretrizes de condução do processo, da sua instauração e investigação até a condenação e forma de cumprimento da condenação e possíveis responsabilidades[81] que surgirem da eventual comprovação de culpabilidade.

Por fim, cabe menção complementar ao instituto do Programa de Integridade. Como já frisado antes, o Programa de Integridade é uma forma de programa de Compliance específico, com fim de adequação às exigências e prevenção de infração dos artigos constantes da LAB e do Decreto regulamentador, visando o combate à corrupção de agentes e instituições do Primeiro Setor. A Controladoria Geral da União publicou em setembro de 2015 guia de diretrizes em forma de cartilha[82], a fim de esclarecer e complementar alguns pontos constantes do Decreto, uma vez que este só apresenta diretrizes superficiais do Programa de Integridade. Conquanto o documento não conte com caráter vinculante é tido como referência no assunto. No documento são

[79] HEINEN, Juliano. Comentários à Lei Anticorrupção: Lei n. 12.846/2013. Belo Horizonte: Fórum, 2015. p.233-240.

[80] "*Whistleblower*, em tradução literal, é o assoprador de apito. Na comunidade jurídica internacional, o termo refere-se a toda pessoa que espontaneamente leva ao conhecimento de uma autoridade informações relevantes sobre um ilícito civil ou criminal.

[81] BRASIL, 2015

[82] BRASIL. CGU. Programa de Integridade – Diretrizes para Empresas Privadas. Brasília, 2015. Disponível em: < https://www.gov.br/cgu/pt-br/centrais-de-conteudo/publicacoes/etica-e-integridade/arquivos/programa-de-integridade-diretrizes-para-empresas-privadas.pdf/view >. Acesso em 28 mai. 2020

apresentadas diretrizes e mecanismos práticos, além dos cinco pilares do bom Programa de Integridade, segundo o guia, sendo estes: O comprometimento e apoio da alta administração como primordial fomentador e disseminador de boas práticas e cultura ética, o chamado *Tone at the Top*[83]; a garantia de insumos suficientes, independência, e autonomia do setor de Compliance, para, por exemplo, não incorrer em influência de possíveis investigados, prejudicando a efetividade do trabalho de Compliance; a análise de perfil de risco, monitorando constantemente as estruturas, relações com parceiros e colaboradores, compreender os níveis de risco de suas atividades e criar mecanismos para sempre monitorá-los, favorecendo o viés preventivo ao interventivo; a procedimentalização e elaboração de documentos como Códigos de Conduta e Ética, políticas de comportamento tanto para as relações internas dos colaboradores das organizações, bem como em relações com terceiros externos, como fornecedores, por exemplo; e, por fim, a perpetuidade do Programa de Integridade, com estratégias de monitoramento contínuo, visando o constante aperfeiçoamento e atualização do Programa.

No contexto mercadológico atual a autorregulação é vista como vantagem competitiva, além de externar, principalmente no que tange as grandes corporações, por suas dimensões, o reconhecimento de necessidade de fiscalização e monitoramento ativo, cumulado com difusão e consolidação de cultura ética, de maneira estruturada, por meio de procedimentos, Códigos de Conduta e Ética, canais de denúncia e investigação, políticas e diretrizes claras no combate às práticas ilegais, antiéticas e amorais, levando em consideração a realidade fática das pessoas jurídicas em que se encontra o Programa de Integridade.[84]

[83] *"tone at the top"*, ou seja, o exemplo de liderança ética que vem de cima, dos níveis mais altos de uma organização, é um dos fatores decisivos para o sucesso (ou fracasso) dos programas corporativos de compliance. Sem o expresso compromisso do Conselho e da Diretoria em construir e manter uma cultura de integridade corporativa, que deve pautar os valores e os comportamentos da organização, o programa de compliance fica sem um de seus pilares fundamentais e sua implementação dentro da empresa fica seriamente limitada.

[84] Art. 41. Para fins do disposto neste Decreto, programa de integridade consiste, no âmbito de uma pessoa jurídica, no conjunto de mecanismos e procedimentos internos de integridade, auditoria e incentivo à denúncia de irregularidades e na aplicação efetiva de códigos de ética e de conduta, políticas e diretrizes com objetivo de detectar e sanar desvios, fraudes, irregularidades e atos ilícitos praticados contra a administração pública, nacional ou estrangeira [...] Art. 42. Para fins do disposto no § 4º do art. 5º, o programa de integridade será avaliado, quanto

Como reforço da importância que o Compliance e os Programas de Integridade vêm tomando no contexto não só do Segundo Setor, fica evidente a preocupação do Primeiro Setor brasileiro em instigar em seus colaboradores práticas mais alinhadas com a necessidade de consolidação de conduta ética e em conformidade com as normas vigentes, também com intuito de autopreservação e diminuição de exposição a riscos, o que fica evidente pelas Leis Publicadas pelo Distrito Federal e estado do Rio de Janeiro, que estabeleceram obrigatoriedade de Programas de Integridade para empresas e organizações que celebrarem contratos, consórcios, convênios no caso do Rio de Janeiro e no Distrito Federal. Somam-se a estas figuras as concessões e parcerias, ambos com evidente impacto no Terceiro Setor.

Todavia, o Programa de Integridade muitas vezes é implementado de forma banal e não efetiva, somente para gerar a possibilidade de usufruto de eventual atenuação de multa, conforme dispõe o Artigo 7, VII da LAB. Ainda assim não é descartável o ganho que existe nas companhias que instituem o Programa de Integridade e dão à este a ênfase necessária, alargando as práticas de Compliance para além do escopo estrito de atendimento ao disposto na LAB e no seu Decreto Regulamentador, buscando o desenvolvimento de cultura organizacional ética, moral e em conformidade com os dispositivos legais que lhe disserem respeito, não só de seus integrantes, como também dos terceiros em contato com tais organizações.

a sua existência e aplicação, de acordo com os seguintes parâmetros: I – comprometimento da alta direção da pessoa jurídica, incluídos os conselhos, evidenciado pelo apoio visível e inequívoco ao programa; II – padrões de conduta, código de ética, políticas e procedimentos de integridade, aplicáveis a todos os empregados e administradores, independentemente de cargo ou função exercidos; III – padrões de conduta, código de ética e políticas de integridade estendidas, quando necessário, a terceiros, tais como, fornecedores, prestadores de serviço, agentes intermediários e associados; IV – treinamentos periódicos sobre o programa de integridade; V – análise periódica de riscos para realizar adaptações necessárias ao programa de integridade; VI – registros contábeis que reflitam de forma completa e precisa as transações da pessoa jurídica; VII – controles internos que assegurem a pronta elaboração e confiabilidade de relatórios e demonstrações financeiros da pessoa jurídica; VIII – procedimentos específicos para prevenir fraudes e ilícitos no âmbito de processos licitatórios, na execução de contratos administrativos ou em qualquer interação com o setor público, ainda que intermediada por terceiros, tal como pagamento de tributos, sujeição a fiscalizações, ou obtenção de autorizações, licenças, permissões e certidões; IX – independência, estrutura e autoridade da instância interna responsável pela aplicação do programa de integridade e fiscalização de seu cumprimento;

Neste ponto devemos pensar que o Terceiro Setor acessa recursos do Poder Público para fomentar suas atividades e, portanto, mais do que justificado rigor e transparência na utilização desses recursos e, sim, a aplicação da Lei, quando se fizer necessário.

3. *Compliance* e Terceiro Setor

Havendo finalizado a parte conceitual e já ficando clara a importância de ambos os temas no contexto atual, frente a todos os progressos atingidos quanto à sua inclusão e maior incorporação ao ordenamento jurídico, nacional e internacional, cabe agora fazer um esforço em apresentar como as instituições do Terceiro Setor podem se beneficiar com a aplicação dos princípios de Compliance e da estruturação de Programas de Integridade. Isso porque além de ser um setor altamente regulado, com frequente interação do Primeiro com o Terceiro Setor e envolvimento de repasses de recursos públicos com caráter de incentivo ou fomento às atividades do Terceiro Setor, devemos superar o estigma de que Compliance é algo restrito aos membros do mundo corporativo, até porque o Terceiro Setor pode se beneficiar de uma visão operacional um pouco mais corporativa em suas atividades.

A transparência e a prestação de contas não são vistas com a devida importância pelas organizações do Terceiro Setor, uma vez que divulgação dos resultados e demonstrativos contábeis é realizada pela minoria das organizações sociais (Zittei, Politelo, Scapin, 2016)[85].

3.1 Corrupção no Terceiro Setor

Nos tempos recentes o Terceiro Setor sofreu com a deflagração de alguns casos de corrupção envolvendo organizações tradicionais e notáveis, como o escândalo envolvendo a Santa Casa de Misericórdia de São Paulo[86], já citada

[85] ZITTEI, M. V. M.; Politelo, L.; Scarpin, J. E. "Nível de Evidenciação Contábil de Organizações do Terceiro Setor", in Administração Pública e Gestão Social, vol. 8, núm. 2, pp. 85-94. 2016

[86] ENTENDA a crise financeira da Santa Casa de Misericordia. G1 Globo, São Paulo, n. 1, p. 1, 10 ago. 2016. Disponível em: http://g1.globo.com/sao-paulo/noticia/2016/08/

no trabalho, que hoje conta com a outorga da condição de OS, realizando importante trabalho na área da saúde, junto ao Sistema Único de Saúde. Que em 2014 em meio à grave crise financeira e institucional teve suas atividades paralisadas por greves e falta de condições e recursos mínimos para realização das suas atividades. Por ser uma OS, a entidade recebe vultuosas quantias em caráter de subsídio público para realização das suas atividades. Todavia, por ser entidade privada é dispensável a realização de processo de concorrência em conformidade com a Lei de Licitações, o que lhe confere menor burocratização. Também foram apontados diversos indícios de falha em processos de aquisição de insumos para a consecução do trabalho, como superfaturamento, além de remuneração excessiva de diretores.

Também na Santa Casa de Misericórdia, porém de Sorocaba, houve em 2014 declaração de intervenção municipal na OS, com instauração de Comissão Parlamentar de Inquérito, acarretando na acusação com posterior comprovação de práticas de corrupção e desvio de recursos públicos pelo então provedor, que foi condenado em 2019 a 52 anos de detenção pelos crimes de Peculato e Associação Criminosa[87].

Portanto, fica clara a possibilidade de responsabilização penal, em crimes funcionais, no caso impróprio, dos agentes que incorrerem em atos de corrupção nas Organizações do Terceiro Setor que possuírem subsídio ou incentivo público, como no caso em tela, uma paraestatal na condição de OS vinculada diretamente a estrutura de prestação de Serviços Públicos. O Código Penal Brasileiro versa sobre o Funcionário público por equiparação em seu Artigo 327, §1º [88].

entenda-crise-financeira-da-santa-casa-de-misericordia-de-sp.html. Acesso em: 30 maio 2020.

[87] EX-PROVEDOR da Santa Casa é condenado a 52 anos por desvios em Sorocaba. Istoe, São Paulo, n. 1, p. 1, 3 abr. 2019. Disponível em: https://istoe.com.br/ex-provedor-da-santa-casa-e--condenado-a-52-anos-por-desvios-em-sorocaba/. Acesso em: 30 maio 2020.

[88] Art. 327 – Considera-se funcionário público, para os efeitos penais, quem, embora transitoriamente ou sem remuneração, exerce cargo, emprego ou função pública. § 1º – Equipara-se a funcionário público quem exerce cargo, emprego ou função em entidade paraestatal, e quem trabalha para empresa prestadora de serviço contratada ou conveniada para a execução de atividade típica da Administração Pública. BRASIL. Decreto-Lei n 2.848, de 7 de dezembro de 1940. Diário Oficial da União. Disponível em <http://www.planalto.gov.br/c civil_03/decreto-lei/del2848compilado.htm> Acesso em: 30 mai. 2020.

Outro caso notório veio a conhecimento em 2011, envolvendo a investigação dirigida ao então Ministro do Esporte Orlando Silva, que com o uso empresas de fachada se apropriou indevidamente de milhões, também distribuindo parte destes recursos indevidamente, o escândalo resultou na renúncia do Ministro. Estimam-se mais de R$ 40 milhões em danos ao erário no período em que Orlando Silva foi Ministro[89].

Também em 2011, no Ministério do Turismo, o então Ministro Pedro Novais renunciou em meio às denúncias de um vasto esquema de corrupção no estado do Amapá envolvendo repasses de ONGs contempladas com recursos públicos em benefício de empresas de fachada, que tinham como objeto valor de R$ 4,4 milhões, dos quais se estimam que R$ 3 milhões foram desviados para as referidas empresas de fachada e posteriormente repassados[90].

Cabe também citar o escândalo envolvendo o Grupo Bellini Cultural e repasses obtidos pela já publicamente desacredita Lei de Incentivo à Cultura, antigamente chamada de Lei Rouanet, mudança de nome inclusive feita para tentar recuperar um pouco do dano causado à reputação da Lei, que caiu na boca do povo por diversos repasses duvidosos em parcerias com renomados artistas nacionais e obras polemicas. No caso deflagrado em 2016, o Grupo Bellini foi investigado na Operação Boca-Livre da Polícia Federal, sendo apurados diversos desvios de recursos e desvio de finalidade no emprego dos recursos repassados, pagando diversos luxos pessoais da alta administração da organização, entre estes um luxuoso casamento, shows particulares e remuneração aos familiares da alta administração sem justificativa, fatos que descaracterizam o escopo de benefício público da prestação de serviço, além de evidente pratica de corrupção e dano ao erário.[91] Os desvios são estimados em mais de R$ 21 milhões ao longo de 5 anos da investigação, de 2011 a 2016. O empresário que dá nome ao Grupo, Antônio Carlos Bellini Amorim,

89 G1, GLOBO. Entenda como ocorrem fraudes nos convênios entre ONGs e governos. G1, São Paulo, p. 1, 27 out. 2011. Disponível em: <http://g1.globo.com/politica/noticia/2011/10/entenda-como-ocorrem-fraudes-nos-convenios-entre-ongs-e-governos.html.> Acesso em: 30 maio 2020

90 Idem

91 Correio Brasiliense, MPF-SP: Grupo fraudava Lei Rouanet com 'simulacros de projetos culturais' Disponível em: < https://www.correiobraziliense.com.br/app/noticia/politica/2020/03/11/interna_politica,833626/mpf-sp-grupo-fraudava-lei-rouanet-com-simulacros--de-projetos-cultura.shtml>

foi condenado no mês de março de 2020 a mais de 19 anos de prisão. Além de Antônio Carlos, forma condenados também sua mulher, dois filhos e oito colaboradores a mais de 145 anos de prisão se somarmos as penas. A sentença da 3.ª Vara Criminal Federal de São Paulo que levou à condenação dos 12 envolvidos leva o número 0001071-40.2016.4.03.6181[92]. Existem outros processos em face dos envolvidos neste esquemas e outros apurados pela Operação.

Todavia a importância da Lei de Incentivo à Cultura não apenas para a produção de cultura no país, auxiliando no financiamento de grandes exposições, intervenções artísticas, filmes, festivais e peças teatrais, mas impacta grandemente também as organizações do Terceiro Setor, com repasses para organizações que se dedicam à serviços de interesse público na área da cultura, como projetos dedicados à valorização e preservação da cultura nacional, bem como escolas de música e artes, muitas vezes levando cultura e arte aos locais que dificilmente teriam acesso à tais, como exemplo de prestação de serviço exemplar com recursos obtidos pela Lei de Incentivo à Cultura, temos o renomado Instituto Baccarelli[93] que nasceu em 1996 na comunidade carente de Heliópolis, na capital Paulista, hoje atendendo mais de mil jovens na comunidade, com sede própria na comunidade e um belíssimo trabalho realizado na sua história, servindo até de inspiração para o filme de 2015 *Tudo que Aprendemos Juntos*, estrelado pelo famoso ator Lazaro Ramos.

Ainda que não restem comprovados os atos ou não se condenem culpados, muitas vezes por protecionismo político e morosidade do sistema judiciário nacional, os escândalos envolvendo entidades do Terceiro Setor são um dano institucional a todos os integrantes deste Setor, o que pode gerar uma equivocada percepção de que as organizações advindas da Sociedade Civil, popularmente conhecidas como ONGs, são ferramentas institucionalizadas de desvio e evasão de recursos, corrupção e lavagem de dinheiro.

Também se valem da dificuldade de exercício do Setor Público em executar eficientemente seu dever fiscalizador, com intuito de detectar e coibir as práticas de corrupção antes de sua concretização. Por isso, faz-se necessária a difusão de cultura de transparência, ética e *accountability* com intuito de

[92] Disponível em: <https://www.jusbrasil.com.br/processos/178144075/processo-n-0001071-4020164036181-do-trf-3?ref=goto>

[93] INSTITUTO BACCARELLI, Conheca o Baccarelli. Disponível em: <https://www.institutobaccarelli.org.br/>

desconstruir tal concepção na visão da sociedade, uma vez que, mesmo com os subsídios do setor público, o Terceiro Setor no Brasil ainda tem maior dependência financeira da Sociedade Civil por meio de doações e contribuições filantrópicas diretas.

A transparência, prestação e disponibilização de contas e informações podem ser aliadas na garantia do bom emprego de doações, bem como na detecção de uma organização com algum tipo de prática escusa. Por exemplo, a chance de Organização que recebe emendas parlamentares de um político acusado de práticas de corrupção ter um forte impacto na sua imagem frente à sociedade é evidente, portanto, que a falta de transparência pode levar ao eventual recebimento de recursos, que por falta de informação adequada ao público pode acabar sendo mal-empregado, ou gerando arrependimento no doador quando vier ao conhecimento deste a vinculação antes desconhecida da organização. Por outro lado, estudos enfatizam a relevância da divulgação das demonstrações contábeis e a prestação de contas (*accountability*) à comunidade, uma vez que essas práticas influenciam a quantidade de doações recebidas (Gandía, 2011)[94]. Neste compasso, podemos ver a transparência em um papel vital para as organizações que compõem o Terceiro Setor, pois práticas de transparência na gestão e operação da organização auxiliam as organizações na otimização da captação de recursos. Dentro desta realidade, há uma enorme importância no que tange a prestação de contas de suas atividades e projetos desenvolvidos, assim buscando atingir o maior nível de transparência em seus processos.

Em relatório de 2010, elaborado por Richard Holloway[95], no escopo da 8ª Conferência Internacional Anticorrupção e disponibilizado pela Transparência Internacional, importante ONG global que se define como:

> Uma coalisão global contra a corrupção, tendo como missão a erradicação da corrupção e aumento da transparência, *accountability*, e integridade em

[94] Gandía, J. L. (2011), "Internet disclosure by nonprofit organizations: empirical evidence of nongovernmental organizations for development in Spain", in Nonprofit and voluntary sector quarterly, vol. 40, núm. 1, pp. 57-78

[95] Transparency International. 8TH International Anti-Corruption Conference. Disponível em: </8th_iacc_workshop_n gos_loosing_the_moral_high_ground-orruption_and_misrepresentation.pdf > Acesso em: 30 mai. 2020.

> todos os níveis da sociedade, seja no setor público, no privado e na sociedade civil. (Tradução Nossa)[96]

Fica evidente o impacto sofrido quando há a incidência de atos de corrupção e similares. No estudo Holloway cita que é esperado das ONGs alto padrão de valores morais, ocupando posição fundamental no combate à corrupção, agindo como exemplo à administração pública, principalmente por sua proximidade com esta para alçar os níveis de governança do Setor. Holloway também expõe que mesmo com a corrupção existindo no Terceiro Setor, essa ainda é extremamente menor quando comparada com os outros dois Setores. Todavia, o aumento do número de recursos que circula no Setor atraiu charlatões e pessoas má intencionadas, desviando as ONGs de seu intuito inicial, de ser não governamental, não econômica, não voltada ao lucro, não focada em autobenefício, mas de interesse e serventia pública, inclusive no combate à corrupção, como faz a própria Transparência Internacional. Holloway segue:

> Minha análise dos problemas de ONGs segue, em certa medida, o que pode ser chamada da sua má fama na boca do povo. É comum no Sul global ouvir pessoas influentes denegrindo organizações da sociedade civil como: (i) instituídas para servir os interesses pessoais de patrocinadores ou diretores; (ii) Sendo partidos políticos disfarçados; (iii) Sendo títeres de doadores globais; (iv) Sendo preocupado demais com o desenvolvimento de uma infraestrutura luxuosa; e (v) Faltando um mercado de pessoas precisando dos seus serviços. E no Norte, por causa de escândalos notórios, é comum ouvir pessoas influentes denigrarem ONGs como: (i) Preocupadas demais com seu orçamento administrativo; e (ii) Promovedores de propaganda enganosa. (Tradução Nossa)

Afirmação que mesmo dez anos após sua publicação se faz extremamente contemporânea, ainda mais na atual composição política, não apenas do Brasil. A atitude de descrédito, em muito exagerada e mentirosa, em face do Terceiro Setor no Brasil, se faz presente na atual gestão política, não apenas por meio de infelizes declarações diretas por importantes membros da política nacional. Mas também por meio de desídia em relação ao setor, que não têm

[96] Transparecy International. About us. Disponível em: <https://www.transparency.org/en/about> Acesso em: 30 mai.2020

desde 2018 diversos dados atualizados pelas organizações federais que antes o faziam, como o já citado Mapa das OSCs, antes anualmente atualizado e sem atualização desde 2018. Bem como a falta de atualização da base do IBGE quanto ao impacto e dimensão das Organizações da Sociedade Civil.

Portanto, podemos extrair que, assim como no Segundo Setor, as práticas de Compliance podem ter no Terceiro Setor um impacto de Marketing positivo advindo da consolidação destas práticas, colhendo frutos não apenas na otimização estrutural e operacional, mas também na parte financeira, uma vez que a constatação da presença de mecanismos de prevenção à corrupção, práticas éticas e morais, transparência, prestação de contas e envolvimento dos *stakeholders* podem acarretar em maior fluxo de contribuições e doações advindas da Sociedade Civil. Bem como aumentando as possibilidades de contemplação em Editais públicos ou privados de concessão de subsídios oriundos destes.

Adicionalmente, cabe destacar que também as verbas obtidas por meio de Editais de financiamento oferecidos por empresas privadas podem de certo modo se enquadrar em tudo que estudamos, visto que muitas leis de incentivo decorrem de renúncia fiscal.

Neste sentido surgem diversas iniciativas nacionais e internacionais a fim de promover, difundir e certificar que as entidades, não apenas do Terceiro Setor, possuem boas práticas e estruturas de conformidade e integridade. Podemos entre estas citar: o Pacto Global, da Organização das Nações Unidas[97], que tem sua base na proteção dos direitos humanos e trabalho digno, mas também versa sobre a necessidade de tolerância zero à corrupção no ambiente de trabalho das empresas e seus parceiros; A filiação à ABONG – Associação Brasileira de ONGs[98], que tem criterioso processo seletivo. A ABONG se presta a auxiliar as ONGs na consecução de suas finalidades, bem como tem voz ativa na luta dos Direitos do Terceiro Setor, "consolidar a identidade das ONGs brasileiras, afirmando sua autonomia face ao Estado, aos partidos políticos, às Igrejas e aos movimentos populares"; o Selo Doar, concedido pelo

[97] **UNITED NATIONS:** Global Pact, 10 principles. Disponível em < https://www.pactoglobal.org.br/10-principios >. Acesso em: 01 jun. 2020.

[98] **ABONG.** ESTATUTO SOCIAL, Quem Somos. Disponível em <https://abong.org.br/quem-somos/estatuto-social/> Acesso em: 01 jun. 2020.

Instituto Doar[99], braço brasileiro do Uruguaio *Instituto Donar*, que tem como objetivo incentivar e destacar o profissionalismo e transparência das organizações do Terceiro Setor, chancelando Organizações com estruturas sólidas, devendo a Organização que pleitear o Selo atender à 52 critérios, divididos em 8 grandes campos (causa e estratégia, governança, contabilidade e finanças, gestão, recursos humanos, estratégia de financiamento, comunicação e prestação de contas e transparência); e a possibilidade de Selo ISO, selo conferido pela Organização Internacional de Padronização, com alto nível de padrões para consegui-los e mantê-los, selos estes voltados à um contexto maior. Mas citamos as normas 31000, de gestão de riscos, 19600 de gestão de Compliance, 26000 chamada de Norma Internacional de Responsabilidade Social e 37001, gestão antissuborno.[100]

Cabe uma última divagação para citar o importantíssimo Índice de Percepção de Corrupção, produzido anualmente desde 1995 pela Transparência Internacional e suas colaboradoras. O Índice leva em consideração a corrupção em todas as camadas da sociedade, no Primeiro, Segundo e Terceiro Setores, avaliando 180 países e territórios, dando uma nota de 0 a 100, sendo a escala de percepção mais corrupta 0 e mais íntegra 100. Sendo as pontuações mais altas as de Dinamarca e Nova Zelândia, com 87 pontos em 100 possíveis.

A menor dentre os 180 examinados é a pontuação da Somália, com 9 pontos. O Brasil está pelo segundo ano consecutivo com sua menor pontuação na história, com 35 pontos e figurando na centésima sexta (106ª) posição, posto excessivamente baixo para a nona (9ª) maior economia mundial de acordo com ranking de 2019 do Banco Mundial[101].

Evidenciando, ainda mais, que temos diante de nós uma larga avenida no que diz respeito à adequada implementação e difusão de formas de prevenção da corrupção e atos correlatos, se fazendo mais clara a necessidade de maior

[99] SELO DOAR, Criterios. Instituto Doar/Instituto Donar. Disponível em: <https://www.institutodoar.org/selo-doar/criterios/> Acesso em: 01 jun. 2020

[100] **INTERNATIONAL ORGANISATION FOR STANDARDIZATION**, ISO, Standards, Our Standards. Disponível em: <https:// www.iso.org/standards.html> Acesso em: 01 jun. 2020

[101] **WORLD BANK**, Gross Domestic Product Ranking 2019, GDP. Disponível em: <https://databank.worldbank.org/da ta/d ownload/GDP.pdf> Acesso em: 01 jun. 2020

capilaridade e efetividade das práticas de Compliance, Integridade e Ética na nação, nos três setores da sociedade.

3.2 *Compliance* regulatório, governança e transparência no Terceiro Setor

O Compliance Regulatório já foi antes definido como o esforço estruturado para a adequação das organizações frente às normas regulatórias, em sentido amplo e estritamente em seu setor. Normas estas advindas de eventuais agentes reguladores, ou por forma de Leis e dispositivos da estrutura jurídico normativa vigente. Se encontrando em tais normas, os requisitos mínimos para a adequada e legal realização de suas atividades sem eventuais riscos.

Além do fato de haver uma visão quanto à possibilidade de compartilhamento no dever de fiscalização e *accountability*, em atos públicos e privados devido ao aumento do acesso à informação e consequente aumento de capacidade fiscalizatória e preventiva de Estado e Sociedade na luta contra irregularidades, corrupção, desvio de recursos e similares.

Sob este prisma, principalmente pelas regulações que o Terceiro Setor tem sobre si, somados à constante proximidade com o Primeiro Setor e recurso oriundos deste, a informação pode ser considerada um ativo público. Principalmente no que tange a relação com Primeiro Setor, os recursos advindos de renúncia fiscal, uma vez que incidem sobre este os mecanismos da Lei nº 12.527/2011, Lei de Acesso à Informação.

> Art. 2º Aplicam-se as disposições desta Lei, no que couber, às entidades privadas sem fins lucrativos que recebam, para realização de ações de interesse público, recursos públicos diretamente do orçamento ou mediante subvenções sociais, contrato de gestão, termo de parceria, convênios, acordo, ajustes ou outros instrumentos congêneres.
> Parágrafo único. A publicidade a que estão submetidas as entidades citadas no caput refere-se à parcela dos recursos públicos recebidos e à sua destinação, sem prejuízo das prestações de contas a que estejam legalmente obrigadas.

Na visão de Kearns (1994, p.188) existem quatro tipos de *accountability* na gestão de organizações do Terceiro Setor: (i) derivada de imposição legal ou contrato; (ii) derivada de negociação entre a comunidade e a organização, com foco na comunidade beneficiada, (iii) discricionária, derivada de expectativa profissional, ou seja, a expectativa de envolvimento e conduta dos colaboradores da organização em função da relação profissional; e (iv) *accountability* antecipatória, que seria a capacidade de antever padrões que lhe serão exigidos e participar da construção de políticas e práticas que lhe afetarão e afetarão aos seus pares.[102].

Como exemplo da primeira forma de *accountability* citada por Kearnes, podemos encontrar diversos exemplos de obrigações no ordenamento jurídico brasileiro. O próprio Marco Regulatório das Organizações da Sociedade Civil dispõe diversas obrigações no campo de prestação de contas e informações, transparência e integridade. Dedicando uma Seção do seu Terceiro Capítulo à transparência e o seu quinto capítulo inteiro às práticas de prestação de contas que as Organizações impactadas pelo MROSC deverão se submeter, quando da existência de parceria com o setor público, não obstante, vale citar o *caput* do Artigo 5, somado ao seu inciso IV, do texto em vigor referida Lei:

> Art. 5º O regime jurídico de que trata esta Lei tem como fundamentos a gestão pública democrática, a participação social, o fortalecimento da sociedade civil, a transparência na aplicação dos recursos públicos, os princípios da legalidade, da legitimidade, da impessoalidade, da moralidade, da publicidade, da economicidade, da eficiência e da eficácia, destinando-se a assegurar: [...] IV – o direito à informação, à transparência e ao controle social das ações públicas;[103]

No *Caput* vemos como fundamento para celebração de parcerias a necessidade de gestão pública democrática e com participação social, sendo assim uma forma de evidenciar à Sociedade Civil que também possui papel no auxílio da fiscalização do bom uso do erário público, buscando o alargamento do senso de cidadania.

A necessidade de transparência vem reforçada nos Artigos 10 a 12 da referida Lei, que versam sobre a obrigatoriedade de disponibilização na internet e em local visível em sua sede, dos documentos e informações relativas às

[102] KEARNS, K.P. The Strategic management of accountability in nonprofit organizations: an analytical framework. Public Administration Revie, V. 54, n.2, p. 185-192, mar/apr 1994

[103] BRASIL. 2015

parcerias celebradas por meio das formas de parceria com o setor público constantes nesta Lei. Se valendo da tecnologia como aliado na consolidação de boas práticas.

Porém a conformidade e a transparência não se fazem presentes apenas após consagrada a parceria. Há obrigação mutua de transparência e conformidade com os requisitos da Lei, tanto pelo Poder Público quanto pela Organização que pretende ser beneficiada pela parceria, para ser válida a efetivação destas. O Artigo 34[104] apresenta nos seus incisos alguns requisitos fundamentais quanto às Organizações da Sociedade Civil, para que a parceria seja efetivada, como a regularidade fiscal, previdenciária e tributária, por exemplo. Quanto às obrigações do Poder Público para devido cumprimento do disposto no texto legal, podemos citar diversos dispositivos. De maneira sucinta o Artigo 35, que reforça e aglutina condições constantes de outros Artigos do MROSC, bem como do seu Decreto Regulamentador.

Muitas vezes o processo de elaboração das parcerias, bem como seu escopo de atuação, eram excessivamente turvos, de difícil acesso, constantemente levantando dúvidas acerca de sua correta aplicação. Neste sentido o MROSC foi um ganho para todos os envolvidos neste processo, uma vez que suas boas práticas, se aplicadas por extensão nas estrutura das Organizações do Terceiro Setor que ainda não firmaram qualquer tipo de parceria com o poder público, haverá um ganho de formalidade no Setor, que tem historicamente baixa institucionalização e adequação regulatória, principalmente na maior fatia do Setor, que se compõe mormente por Associações de menor dimensão, pouco instrumentalizadas e com pouco acesso à recursos, especialmente advindos da Administração Pública. Justamente por exigirem alto nível de adequação estrutural, o que por muitas vezes leva à um custoso processo de adequação burocrática, que, todavia, se faz cada vez mais necessário.

Ainda sobre o MROSC podemos citar a necessidade de haver respeito ao processo seletivo das OSCs beneficiadas, com necessidade de publicação e ampla divulgação do Edital de Chamamento Público, nos moldes dos Artigos 23 a 31, do Plano de Trabalho, que vem com seus requisitos contidos no Artigo 22.[105]

104 Idem

105 Idem

> Art. 22. Deverá constar do plano de trabalho de parcerias celebradas mediante termo de colaboração ou de fomento:
> I – descrição da realidade que será objeto da parceria, devendo ser demonstrado o nexo entre essa realidade e as atividades ou projetos e metas a serem atingidas;
> II – descrição de metas a serem atingidas e de atividades ou projetos a serem executados; (Redação dada pela Lei nº 13.204, de 2015)
> II-A – previsão de receitas e de despesas a serem realizadas na execução das atividades ou dos projetos abrangidos pela parceria;
> III – forma de execução das atividades ou dos projetos e de cumprimento das metas a eles atreladas;
> IV – definição dos parâmetros a serem utilizados para a aferição do cumprimento das metas.

O não cumprimento do acima disposto pode ensejar pedido de nulidade do Ato, exceto se observadas as condições constantes dos Artigos 29 à 34, que tem entre os dispositivos institutos já consagrados da Lei de Licitações, como a dispensa de chamamento público em casos de urgência frente a eminente paralisação ou paralisação de serviço ou atividade relevante de interesse público. A falta de cumprimento do Plano de Trabalho, omissão ou descumprimento do dever de prestação de contas, bem como eventuais desvios de finalidades ou recursos, se não detectados e sanados pela estrutura interna da Organização, deverão ser apontados no processo de Monitoramento e Avaliação, constantes dos Artigos 58 a 60*, bem como processo contínuo de Prestação de Contas, já citado brevemente. Devido ao fato de cada parceria ter um objeto e duração, os critérios de prestação de contas serão designados em função do Plano de Trabalho, sendo especificado no Termo. Mas no caso de o objeto da parceria exceder o prazo de um ano, a prestação de contas deve se dar ao final do exercício financeiro, sem prejuízo de outras datas estipuladas, vide Artigo 58, § 2º. Podendo em eventual infração grave dos institutos já citados levar até à dissolução da pessoa jurídica em questão.

Todavia, se faz coesa a ausência de presença de multa no MROSC, utilizando do pensamento de Thiago Lopes Ferraz Donnini para esclarecer a razão do acerto em não constar multa pecuniária na Lei:

> Na definição dos atributos que marcam as parcerias sociais, a ausência de caráter contraprestacional é um aspecto determinante. Significa que o valor

financeiro estabelecido nas parcerias não equivale a um preço, mas sim ao montante exigido para financiar as despesas das parcerias (custeio, pessoal e investimentos, conforme o caso), [...] **Daí também a razão pela qual a Lei 13.019/14, acertadamente, não fixa a hipótese de multa entre as sanções aplicáveis ao parceiro privado.** Em verdade, as técnicas de ajustamento de condutas são muito mais consentâneas com a natureza das parcerias sociais[106] (Grifo Nosso).

Contudo, se ainda assim os esforços direcionados à perpetuação de práticas escusas e indevidas se concretizarem e estas forem levadas à esfera judicial, poderão sobrevir penalizações em esfera Penal, Civil e Administrativa, bem como incorrer em crimes previstos na LAB e na Lei de Improbidade Administrativa.

Podendo gerar obrigação de devolução de bens e/ou recursos públicos. Entre as sanções administrativas constantes do Artigo 73 do MROSC consta a possibilidade de vedação de participação em editais nas formas de repasse constantes do MROSC no período que ainda sobrevier eventual penalização, conforme disposto no Artigo 39 e incisos do MROSC, bem como eventuais Leis de Incentivo e Fomento.

Artigo este que reforça mais uma vez a necessidade de boa política de prestação de contas, principalmente no âmbito contábil, não apenas da organização, mas também dos seus integrantes e colaboradores, uma vez que veda a participação de Organizações que "VII – tenha entre seus dirigentes pessoa: a) cujas contas relativas a parcerias tenham sido julgadas irregulares ou rejeitadas por Tribunal ou Conselho de Contas de qualquer esfera da Federação, em decisão irrecorrível, nos últimos 8 (oito) anos; b) julgada responsável por falta grave e inabilitada para o exercício de cargo em comissão ou função de confiança, enquanto durar a inabilitação". Mais um importante mecanismo para instigação de fortalecimento de cultura ética e de conformidade.

Embora o Marco Regulatório das Organizações da Sociedade Civil tenha trazido diversos dispositivos que visam a otimização da gestão operacional do Terceiro Setor como um todo, não podemos deixar de destacar dispositivos constantes de outras normas contidas no ordenamento jurídico brasileiro que

106 NOHARA, Irene Patricia, PEREIRA, Flavio de Leao Bastos. Governanca, Compliance e Cidadania. São Paulo, Thomsom Reuters Brasil. VARIOS AUTORES. P. 303

trouxeram dispositivos que elevaram o nível de Governança, Compliance, Ética, Integridade e combate à corrupção, como a possibilidade de remuneração de Diretores, que não era permitida no Terceiro Setor, sem pesadas consequências, como perda de imunidade tributária. Sobre o fato discorrem Grazzioli e Sabo Paes (2018, p.142):

> Em linhas gerais, antes do cenário legislativo atual, caso a entidade optasse por efetivamente remunerar seus dirigentes pelo exercício de suas atividades, não poderia valer-se de diversos benefícios legais, como das imunidades tributarias em geral [...].
> Embora criticada pela doutrina especializada, justificava-se esse tratamento normativo sob o argumento de que a natureza social das atividades desenvolvidas imporia uma atuação eminentemente voluntária de quem as desenvolvesse.
> Felizmente, verifica-se que a realidade atual é outra.[107]

Então entende-se que devido ao desenvolvimento da sociedade, bem como das atividades desempenhadas pelas Organizações do Terceiro Setor, que ganharam maior robustez, escopo de atuação e atuam em atividades com alta complexidade, assim como no Primeiro e Segundo Setor, sendo em vezes mais complexas ainda, devido ao emaranhado regulatório que se faz presente na realidade destas organizações. Porém o fato não é novidade, apesar de também não ser um instituto antigo, as primeiras menções nesse sentido vieram das já citadas Leis 9.637/1998 e 9.790/99, Lei das OS[108] e OSCIPs[109], respectivamente. Remuneração esta a respeitar os valores praticados no mercado e que não prejudica eventual remuneração advinda de Termo de Parceria.

[107] PAES, José Eduardo Sabo; GRAZZIOLI, Airton. Compliance no Terceiro Setor: Controle e Integridade nas Organizações da Sociedade Civil. 1. ed. São Paulo: Editora Elevação, 2018. p.142

[108] Art. 4o Para os fins de atendimento dos requisitos de qualificação, devem ser atribuições privativas do Conselho de Administração, dentre outras: V – fixar a remuneração dos membros da diretoria; (BRASIL. 1998)

[109] Art. 4o [...], que as pessoas jurídicas interessadas sejam regidas por estatutos cujas normas expressamente disponham sobre: VI – a possibilidade de se instituir remuneração para os dirigentes da entidade que atuem efetivamente na gestão executiva e para aqueles que a ela prestam serviços específicos, respeitados, em ambos os casos, os valores praticados pelo mercado, na região correspondente a sua área de atuação; (BRASIL. 1999)

Após esta incursão no arcabouço legal das normas que buscam algum tipo de otimização nas estruturas de Governança e Conformidade no Terceiro Setor, seja por imposição direta de mecanismos legais, dispositivos de geração de obrigação, reconhecendo o seu desenvolvimento e importância na atualidade. Podemos então aprofundarmos um pouco mais nos esforços realizados recentemente em reduzir a defasagem, grande e evidente, que há entre as estruturas de Compliance e Programas de Integridade existentes no Segundo Setor, em que pese nas grandes corporações, em relação ao Terceiro Setor. Esforços estes que ainda não se encontram próximos ao nível ideal, muito em função da realidade financeira e estrutural do Terceiro Setor, já exposta aqui como insuficiente e desorganizada. Por encontrarmos no Terceiro Setor em sua maioria organizações com realidades orçamentarias inconstantes e estruturas organizacionais pouco preocupadas quanto à conformidade e transparência, uma vez que a sua própria subsistência gera preocupação tamanha que é abnegada a importância de estabelecer uma forte estrutura de Compliance, conformidade, transparência e ética. Há além do já provado, e mencionado, impacto financeiro positivo nas contribuições após adoção de práticas mais concretas de transparência, é importante frisar que a falta de atenção aos aspectos de conformidade e prestação de contas da organização podem geram impactos ainda maiores que o próprio custo de se desenvolver um Programa de Integridade e outras práticas que podem ser inclusas na organização e consolidadas através de treinamentos, Códigos de Conduta e Manuais de boas práticas e relações com os *stakeholders,* bem como uma rotina de publicação e prestação de contas, preferencialmente se valendo das ferramentas tecnológicas que temos disponíveis atualmente, como disponibilizar estas informações em boletins para seus associados e colaboradores, publicar a maior quantidade possível de informações em seu *website* e redes sociais. Mantendo regularidade nas práticas, atualizando seus procedimentos e estruturas, bem como se possível validando os Programas com profissionais qualificados para tal, empresas de auditoria e obtendo algumas das chancelas citadas para comprovar suas boas práticas.

Cabe frisar que dentro da realidade da maior parte das organizações do Terceiro Setor nacional, que possuem uma composição relativamente pequena quanto ao quadro de funcionários, pode ser inviável instituir um setor de Compliance e Controles Internos ou um *Compliance Officer,* exclusivamente dedicado à efetivação e fiscalização das práticas de Compliance em toda sua extensão. Portanto se faz necessária a divisão dos esforços para consolidação de uma nova cultura, com adequação em relação a tais práticas, consequentemente se fazendo ainda mais presente no caso de tais organizações o comprometimento e envolvimento dos membros em cargos mais altos, de eventual Conselho ou diretores, pois o efeito do *tone at the top* é ainda mais evidente em ambientes em que a proximidade entre os superiores e subordinados é curta e a liderança pelo exemplo tende a apresentar resultados com velocidade e eficácia maiores que nas grandes organizações aonde mudanças em práticas de Governança desta magnitude tendem a demorar a se consolidar por exigirem um comprometimento, adaptação e mudança de comportamento de mais colaboradores. Não obstante, como já foi frisado diversas vezes ao longo do presente trabalho, há uma evolução no sentido do aumento de boas práticas de Governança, Compliance, Integridade, ética, inclusão, prestação de contas e Transparência em todos os Setores da sociedade, bem como a cobrança ativa da Sociedade Civil para o fim da corrupção e impunidade.

Visando aproximar da realidade fática do Terceiro Setor, podemos citar diretrizes de fácil aplicação pelos membros das organizações do Terceiro Setor, independentemente de sua capacitação ou formação profissional, quebrando também a mística que Compliance deve ser algo executado por profissionais com formação jurídica, administrativa ou similar. No que tange a transparência como ferramenta base de boas práticas e força instigadora de manutenção destas e do compromisso estabelecido através da publicidade, principalmente na internet e a fiscalização das organizações por qualquer interessado que tenha um dispositivo conectado à rede, podemos simplificar o Compliance para o Terceiro Setor através de práticas de transparência em quatro dimensões, que para sua efetividade geram compromissos também em outros aspectos, como conformidade regulatória e Integridade, pois o eventual dano em se disponibilizar informações com irregularidades, erros, fraudes e etc. pode ser maior que o próprio dano, além de uma eventual detecção de problema que não foi feita dentro da própria organização poder ser apontada por interessados que se dedicarem à analisar tais informações, independente da razão motivadora. As quatro dimensões são: Transparência em Aspectos Legais, Transparência em Nível Inicial de Atendimento, Transparência na Prestação de Contas e Transparência na Gestão e Resultados, aonde o mero esforço em disponibilizar tais informações vai gerar possibilidade de detecção de melhora de pontos sensíveis[110] (Tondolo, Tondolo, Camargo e Sarquis).

A primeira, Transparência em Nível Inicial de Atendimento, surge como aliada e garantidora do cumprimento das outras formas de Transparência sob esta visão, uma vez que essa se presta a verificar a presença da Organização em redes sociais, bem como se esta possui *website*, fácil acesso à informações, através de boletins e similares, também se é fácil o contato com a Organização, por meio digital ou não, verificando se há e-mail, telefone e outras formas de contato, checando se tais são funcionais e devidamente respondidas.

A segunda, Transparência em Aspectos Legais, pode ser entendida como a publicação da parte regulatória, fiscal, estatutária, disponibilização de atas de assembleia e eleições da diretoria e presidência. Daí surge a possibilidade de diversas formas de fiscalização, como por exemplo a verificação da regularidade de escopo e forma de atuação, respeito ao estatuto social, bem como os ritos previstos para eleições e decisões importantes e a forma que estas foram tomadas.

A terceira dimensão diz respeito à Prestação de Contas, primariamente com foco na parte contábil da organização, com disponibilização e fácil acesso de documentos contábeis e fiscais, como balanços patrimoniais, fluxo de doações e despesas, abarcando também recursos humanos e físicos, contando horas de voluntariado, por exemplo. Porém podemos contemplar aqui outras sortes de dados interessantes ao público, como dados de alcance e impacto em redes sociais, beneficiários atendidos, se houver setor ou pratica de investigações internas, pode-se incluir menção sobre os fatos, preservando a privacidade e integridade dos envolvidos.

Derradeiramente, a Transparência em Gestão e Resultados, aqui podemos informar sobre os resultados obtidos com métricas mais detalhadas em relação à efetividade dos trabalhos, detalhamento de ações especificas decorridas ao longo do trabalho, informar sobre avaliações e atendimento de demandas advindas dos *stakeholders,* versar sobre o público atendido, por exemplo sobre classe sócio econômica, situação de emprego, faixa etária, pontos de

[110] Portella Tondolo, Rosana da Rosa; Gonçalves Tondolo, Vilmar Antonio; Camargo, Maria Emilia; Bessa Sarquis, Aléssio Transparência no Terceiro Setor: Uma proposta de construto e mensuração Espacios Públicos, vol. 19, núm. 47, septiembre-diciembre, 2016, pp. 7-25

necessidade dos beneficiados , colaboradores, associados, enfim, diversas classes de *stakeholders*. Ressalta-se a grande importância quanto aos dados das demandas, sugestões, avaliações e contribuições oriundas dos beneficiados e informar sobre como estas foram e estão sendo tratadas dentro da organização, fato crucial para consolidar boa relação entra a organização e a comunidade em que está inserida.

Cabe mais um rápido parêntese sobre a questão das investigações internas nas organizações do Terceiro Setor, que muitas vezes não dispõem de setor para realiza-las, portanto fica a sugestão de que seja feita a denúncia diretamente ao Conselho da organização caso o ato motivador da denúncia seja advindo de membros da diretoria ou alta gestão. Caso o ato se dê na parte inferior da cadeia hierárquica os gestores de área ou diretores podem conduzir as investigações.

A aderência voluntaria de organizações nascidas na Sociedade Civil à estes princípios tende a gerar impactos extremamente positivos, além disso traçando rápida relação entre as dimensões de Transparência e normas nacionais que impactam o Terceiro Setor, a adequação voluntaria das organizações menores do Terceiro Setor ao MROSC e diversos dispositivos de prestação de contas, transparência e boa governança ali contidos, mesmo que estas não almejem firmar parceria com o Primeiro Setor, pode ser um início interessante na caminhada de melhoria do Terceiro Setor nacional através de sua maior conformidade, gerando um ganho organizacional e também de gestão e imagem.

Ainda neste sentido, vêm crescendo constantemente os esforços não apenas das organizações, capitaneadas por grandes integrantes do Terceiro Setor, mas também de estudiosos, órgãos públicos e entidades que são referência em governança. Neste esteio podemos citar o extenso guia publicado pelo Instituto Brasileiro de Governança Corporativa – IBGC, que em 2016 disponibilizou guia que segue gratuito para *download* em seu site até a data atual. O *Guia das Melhores Práticas para Organizações do Terceiro Setor: Associações e Fundações*[111] tem ótimas diretrizes no que tange à elaboração e consolidação de forte estrutura de Governança focado para Associações e Fundações, principalmente em

[111] NOSSA CAUSA. Guia do MROSC – Para Organizações da Sociedade Civil e Prefeituras. Disponível em: <https://nossacausa.com/ebook-gratuito-guia-do-mrosc/>. Acesso em: 01 jun. 2020.

práticas relacionadas à alta administração, conselhos, princípios de gestão organizacional e como lidar com eventuais problemas internos, como conflito de interesses e problemas de conduta comportamental inadequada (cabe ressalva quanto à ser anterior ao início do MROSC); ao também gratuito e digitalmente disponibilizado, *Guia do MROSC – Para Organizações da Sociedade Civil e Prefeituras*[112], um valioso guia sobre como as alterações regulatórias trazidas pelo MROSC, as leis que o alteraram, bem como o Decreto Regulamentador, e como as tais institutos afetam a vida diária das Organizações do Terceiro Setor. Documento extremamente didático elaborado pela OSC Nossa Causa, OSC que realiza esforços significativos em aumentar o nível de atenção trazido ao terceiro setor por meio do desenvolvimento de levantamentos sobre o Setor, materiais de apoio voltados para todas as camadas do cotidiano das Organizações do Terceiro Setor. O curso online *O Programa de Compliance do Terceiro Setor*[113116], oferecido gratuitamente por método de ensino à distância, disponibilizado pela Fundação Escola Aberta do Terceiro Setor, membro do Terceiro Setor, que produz diversos conteúdos gratuitos "que tem como missão promover a melhoria da capacitação dos profissionais do Terceiro Setor".

Por fim, uma ferramenta interessante para o integrante de uma organização do Terceiro Setor que queira desenvolver práticas de Compliance em seu cotidiano podemos nos valer, do MROSC na parte regulatória, ou da Lei das OS ou OSCIPs, dependendo da pretensão da entidade. Podemos também nos valer de diretrizes de Programas Compliance, Integridade, Códigos de Conduta e Ética de grandes componentes do Terceiro a servirem como base para elaboração de estruturas para os menores componentes do Setor, estas mais voltadas para a atividade de seus colaboradores, com previsões de conduta e ética, visão, missão e valores da organização que devem estar presentes no modo de agir dos colaboradores, mirando a construção da cultura da entidade. Podemos também encontrar em manuais de grandes entidades previsões

112 INSTITUTO BRASILEIRO DE GOVERNANCA CORPORATIVA – IBGC, Guia das Melhores Práticas para Organizações do Terceiro Setor: Associações e Fundações, 2013, São Paulo – Disponível em: <https://conhecimento.ibgc.org.br/Pag inas/Publicacao.aspx?PubId=22111> Acesso em 01 jun. 2020

113 ESCOLA ABERTA DO TERCEIRO SETOR. O Programa de Compliance do Terceiro Setor. Disponível em: <https://ea d.escolaaberta3setor.org.br/courses/o-programa-de-compliance-no-terceiro-setor>. Acesso em: 01 jun. 2020.

canais de denuncia anônimos, investigações internas e importância da informação de práticas indevidas com celeridade; sobre conflitos de interesse, distribuição de brindes e presentes à terceiros, parceiros, fornecedores e doadores, com fim de evitar práticas similares a suborno. Encontramos também previsões sobre relação com a imprensa, consciência socioambiental e políticas de sustentabilidade. Sendo alguns destes documentos exemplos ótimos de um Programa de Compliance bem estruturado, não apenas preocupado em melhorar o dia a dia de sua organização, colaboradores e beneficiados, mas também em fazer uma contribuição na melhoria do mundo em que se insere em escopo muito mais largo que apenas o de suas finalidades e atividades.[114]

O aumento do interesse da maior exploração do Terceiro Setor como temática de pesquisa em diversas áreas do conhecimento vem se fazendo mais presente e ganhando mais importância dia após dia. Assim o próprio Terceiro Setor, que por meio de diversos outros documentos vem servindo de apoio para acelerar mais ainda o processo de exploração da temática, que ainda se encontra subexplorada frente a outros temas que também possuem grande impacto na vida cotidiana ao redor do mundo. Este trabalho possui tal intuito.

Referências

ABBOTT, John. London 2012: the Olympics will be the ultimate test for the Bribery Act. The Telegraph. Londres, 2010. Disponível em: <https://www.telegraph.co.uk/finance/londonolympicsbusiness/8207500/London-2012-the-Olympics-will-be-the-ultimate--test-for-the-Bribery-Act.html>. Acesso em: 29 mai. 2020.

ABONG. ESTATUTO SOCIAL, Quem Somos. Disponível em <https://abong.org.br/quem-somos/estatuto-social/> Acesso em: 01 jun. 2020.

ASSI, Marcos. Gestão de Compliance e seus desafios. 1. ed. São Paulo, SP: Saint Paul, 2013.

BIJOS, Leila; NÓBREGA, Antonio Carlos Vasconcellos. Suborno transnacional: A nova realidade normativa brasileira. Revista de Informação Legislativa (RIL), Brasília, v. 207, n. 52, p.239-259, jul. 2015. Disponível em: <http://www2.senado.gov.br/bdsf/handle/id/515196>. Acesso em: 27 mai. 2020.

[114] Como base para esta afirmação foram analisados diversos documentos de grandes organizações do Terceiro Setor Nacional, com destaque para os Códigos da AACD e Graac (Disponível em: <http://aacd.org.br/wp-content/uploa ds/2019/09/codigodeconduta.pdf> e <https://secureservercdn.net/198.71.233.254/100.fc5.myftpupload.com/wp-content/uploads/2019/11/Manual-Insitucional-Compliance.pdf>) Acesso em: 08 jun. 2020

BOBBIO, Norberto. Estado, Governo e Sociedade: por uma teoria geral da política. São Paulo: Paz e Terra, 2009.

BRASIL. Código Tributário Nacional. Diário Oficial da União. Brasília, DF. Disponível em <http://www.planalto.gov.br/ccivil_03/

BRASIL. CGU. Programa de Integridade – Diretrizes para Empresas Privadas. Brasília, 2015. Disponível em: <https://www.gov.br/cgu/pt-br/centrais-de-conteudo/publicacoes/etica-e-integridade/arquivos/programa-de-integridade-diretrizes-para-empresas-privadas.pdf/view>. Acesso em 30 mai. 2020

BRASIL. Constituição, 1988. Constituição: República Federativa do Brasil. Brasília: Senado Federal, 1988. Disponível em: <http://www.planalto.gov.br/ccivil_03/constituicao/constituicao.htm>. Acesso em: 22 mai. 2020.

BRASIL. Convenção Internacional sobre a Eliminação de Todas as Formas de Discriminação Racial. 8 de dezembro de 1969. Brasília, DF. Disponível em: < http://www.planalto.gov.br/ccivil_03/decreto/1950-1969/D65810.html>. Acesso em: 21 mai. 2020.

BRASIL. Convenção Internacional sobre os Direitos das Pessoas com Deficiência. 25 de agosto de 2009. Brasília, DF. Disponível em: <http://www.planalto.gov.br/ccivil_03/_ato2007-2010/2009/decreto/d6949.htm>. Acesso em: 21 mai. 2020.

BRASIL. Convenção sobre a Eliminação de Todas as Formas de Discriminação contra a Mulher. 13 de setembro de 2002. Brasília, DF. Disponível em: <http://www.planalto.gov.br/ccivil_03/decreto/2002/D4377.htm>. Acesso em: 21 mai. 2020.)

BRASIL. Convenção sobre os Direitos da Criança. 21 de novembro de 1990. Brasília, DF. Disponível em: <http://www.planalto.gov.br/ccivil_03/decreto/1990-1994/d99710.htm>. Acesso em: 21 mai. 2020.)

BRASIL. Decreto nº 8.726, de 17 de abril de 2016. Diário Oficial da União. Brasília, DF. Disponível em: <http://www.planalto.gov.br/ccivil_03/_ato2015-2018/2016/decreto/d8726.htm> Acesso em 21 mai. 2020.

BRASIL. Decreto nº 3.100, de 30 de junho de 1999. Diário Oficial da União. Brasília, DF. Disponível em: <http://www.planalto.gov.br/ccivil_03/
decreto/d3100.htm>. Acesso em: 21 mai. 2020.

BRASIL. Decreto nº 4.410, de 07 de outubro de 2002. Diário Oficial da União. Brasília, DF. Disponível em: <http://www.planalto.gov.br/ccivil_03/
decreto/2002/D4410.htm>. Acesso em: 29 mai. 2020.

BRASIL. Decreto nº 3.678, de 30 de novembro de 2000. Diário Oficial da União. Brasília, DF, 30 nov. 2000. Disponível em: <http://www.planalto.gov.br/ccivil_03/decreto/D3678.htm>. Acesso em: 29 mai. 2020.

BRASIL. Decreto nº 5.687, de 31 de janeiro de 2006. Diário Oficial da União. Brasília, DF. Disponível em: <http://www.planalto.gov.br/ccivil_03/_ato2004-2006/2006/decreto/d5687.htm>. Acesso em: 29 mai. 2020.

BRASIL. Decreto nº 9.580, de 22 de novembro de 2018. Diário Oficial da União. Brasília, DF. Disponível em <http://www.planalto.gov.br/ccivil_03/_ato2015-2018/2018/decreto/D9580.htm> Acesso em 22 mai. 2020

BRASIL. Decreto nº 8.420, de 18 de março de 2015. Diário Oficial da União. Brasília, DF. Disponível em: <http://www.planalto.gov.br/ccivil_03/_ato2015-2018/2015/decreto/d8420.htm>. Acesso em: 29 mai. 2020

BRASIL. Decreto nº 9.203, de 22 de novembro de 2017. Diário Oficial da União. Brasília, DF. Disponível em: < http://www.planalto.gov.br/ccivil_03/_ato2015-2018/2017/decreto/D9203.htm>. Acesso em: 30 mai. 2020.

BRASIL. Decreto-Lei nº 2.848, de 7 de dezembro de 1940. Diário Oficial da União. Disponível em: <http://www.planalto.gov.br/ccivil_03/decreto-lei/del2848compilado.htm> Acesso em 30 mai. 2020.

BRASIL, Instrução Normativa Conjunta n.01 de 11 de maio de 2016. Diário Oficial da União, ed. 89, seção 1, p. 14. Brasília, DF. Disponível em: < http://www.in.gov.br/materia//asset_publisher/Kujrw0TZC2Mb/content/id/21519355/do1-2016-05-11-instrucao-normativa-conjunta-n-1-de-10-de-maio-de-2016-21519197> Acesso em: 30 mai, 2020.

BRASIL. Lei nº 10.406, de 10 de janeiro de 2002. Diário Oficial da União. Brasília, DF. Disponível em < http://www.planalto.gov.br/ccivil_03/leis/2002/l10406.htm> Acesso em: 20 mai. 2020.

BRASIL. Lei nº 9.637, de 15 de maio de 1998. Diário Oficial da União. Brasília, DF. Disponível em: <https://bityli.com/w4d3s> Acesso em: 21 mai. 2020.

BRASIL. Lei nº 9.790, de 23 de março de 1999. Diário Oficial da União. Brasília, DF. Disponível em: <https://bityli.com/Wp7vN>. Acesso em: 21 mai. 2020.

BRASIL. Lei nº 10.825, de 22 de dezembro de 2003. Diário Oficial da União. Brasília, DF. Disponível em < http://www.planalto.gov.br/ccivil_03/leis/2003/L10.825.htm> Acesso em 21 mai. 2020.

BRASIL. Lei nº 13.019, de 31 de julho de 2014. Diário Oficial da União. Brasília, DF. Disponível em <http://www.planalto.gov.br/ccivil_03/_ato2011-2014/2014/lei/l13019.htm> Acesso em 21 mai. 2020.

BRASIL. Lei nº 13.204, de 14 de dezembro de 2015. Diário Oficial da União. Brasília, DF. Disponível em <http://www.planalto.gov.br/ccivil_03/_ato2015-2018/2015/lei/l13204.htm> Acesso em 21 mai. 2020.

BRASIL. Lei nº 8.313, de 23 de dezembro de 1991. Diário Oficial da União. Brasília, DF. Disponível em <http://www.planalto.gov.br/ccivil_03/leis/l8313cons.htm> Acesso em 21 mai. 2020.

BRASIL. Lei nº 8.685, de 20 de julho de 1993. Diário Oficial da União. Brasília, DF. Disponível em <http://www.planalto.gov.br/ccivil_03/LEIS/L8685.htm> Acesso em 21 mai. 2020.

BRASIL. Lei nº Lei 12.213, de 20 de janeiro de 2010. Diário Oficial da União. Brasília, DF. Disponível em <http://www.planalto.gov.br/ccivil_03/_ato2007-2010/2010/lei/l12213.htm> Acesso em 21 mai. 2020.

BRASIL. Lei nº Lei 12.715, de 17 de setembro de 2012. Diário Oficial da União. Brasília, DF. Disponível em <http://www.planalto.gov.br/ccivil_03/_Ato2011-2014/2012/Lei/L12715.htm> Acesso em 21 mai. 2020.

BRASIL. Lei nº 12.846, de 01 de agosto de 2013. Diário Oficial da União. Brasília, DF. Disponível em: < http://www.planalto.gov.br/ccivil_03/_ato2011-2014/2013/lei/l12846.htm>. Acesso em: 30 mai. 2020.

BRASIL. Lei nº 13.709/2018, de 14 de agosto de 2018. Diário Oficial da União. Brasília, DF. Disponível em: <http://www.planalto.gov.br/ccivil_03/_ato2015-2018/2018/lei/L13709.htm>. Acesso em: 30 mai. 2020.

BRASIL. Lei nº 8.666, de 21 de junho de 1993. Diário Oficial da União. Brasília, DF. Disponível em: <http://www.planalto.gov.br/ccivil_03/leis/l8666cons.htm>. Acesso em: 30 mai. 2020.

BRASIL. Ministério da Transparência e Controladoria-Geral da União. Programa de integridade: diretrizes para empresas privadas. Brasília: CGU, 2015. p. 6

BRASIL. Pacto Internacional de Direitos Civis e Políticos. 6 de julho de 1992. Brasília, DF. Disponível em: < http://www.planalto.gov.br/ccivil_03/decreto/1990--994/d0592.htm>. Acesso em: 21 mai. 2020

BRASIL. PL 6.826/2010, Brasília, 2010. Disponível em: <https://www.camara.leg.br/proposicoesWeb/fichadetramitacao?idProposicao=466400>. Acesso em: 30 mai. 2020.

COMISSÃO DE VALORES MOBILIÁRIOS. Recomendações da CVM sobre governança corporativa. [S.l.]: CVM, 2002. Disponível em: <http://www.cvm.gov.br/export/sites/cvm/decisoes/anexos/0001/3935.pdf>. Acesso em: 30 mai. 2020.

Controladoria Geral da União. Disponível em: < https://www.gov.br/cgu/pt-br/assuntos/noticias/2017/03/ministerio-da-transparencia-esclarece-procedimentos-do-acordo--de-leniencia>. Acesso em: 30 mai. 2020.

COSTA RICA. Conferência Especializada Interamericana sobre Direitos Humanos. 22 de novembro de 1969. Disponível em: < https://www.cidh.oas.org/basicos/portugues/c.convencao_americana.htm> Acesso em: 21 mai. 2020.

DI PIETRO, Maria Sylvia Zanella. Direito Administrativo. 26 ed. São Paulo: Atlas, 2013.

ENTENDA a crise financeira da Santa Casa de Misericordia. G1 Globo, São Paulo, n. 1, p. 1, 10 ago. 2016. Disponível em: http://g1.globo.com/sao-paulo/noticia/2016/08/entenda--crise-financeira-da-santa-casa-de-misericordia-de-sp.html. Acesso em: 30 maio 2020.

ESCOLA ABERTA DO TERCEIRO SETOR. O Programa de Compliance do Terceiro Setor. Disponível em: <https://ead.escolaaberta3setor.org.br/courses/o-programa--de-compliance-no-terceiro-setor>. Acesso em: 01 jun. 2020.

ETZIONI, Amitai. The Untapped Potential of the "Third Sector". Business and Society. Review, No. 1 Spring 1972.pdf>. Acesso em: 20 mai. 2020.

EX-PROVEDOR da Santa Casa é condenado a 52 anos por desvios em Sorocaba. Istoe, São Paulo, n. 1, p. 1, 3 abr. 2019. Disponível em: https://istoe.com.br/ex-provedor-da--santa-casa-e-condenado-a-52-anos-por-desvios-em-sorocaba/. Acesso em: 30 maio 2020.FILGUEIRAS, Fernando. Corrupção, democracia e legitimidade. 1. ed. Belo Horizonte: UFMG, 2008. p. 394, apud CORDEIRO, Carla Priscilla Barbosa Santos. A Corrupção sob um Prisma Histórico-Sociológico: Análise de suas Principais Causas e Efeitos. Revista Eletrônica Direito e Conhecimento, Arapiraca/al, v. 1, n. 2, p.67-93, jul. 2017. Disponível em: <http://revistas.cesmac.edu.br/index.php/dec/article/view/670>. Acesso em: 26 mai. 2020.

FILHO, José dos Santos Carvalho. Manual de Direito Administrativo. 32ª Edição. São Paulo: Editora Atlas, 2018.

FRANÇA. Resolução nº C (96) 27. Recommendation Of The Council On The Tax Deductibility Of Bribes To Foreign Public Officials. OCDE. Paris, França, 17 abr. 1996. Disponível em: <http://www.oecd.org/officialdocuments/publicdisplaydocumentpdf/?doclanguage=en&cote=c(96)2>. Acesso em: 29 mai. 2020.

FURTADO, Celso. Desenvolvimento e subdesenvolvimento. 5. ed. Rio de Janeiro: Contraponto, Centro Internacional Celso Furtado, 2009.

G1, GLOBO. Entenda como ocorrem fraudes nos convênios entre ONGs e governos. G1, São Paulo, p. 1, 27 out. 2011. Disponível em: http://g1.globo.com/politica/noticia/2011/10/entenda-como-ocorrem-fraudes-nos-convenios-entre-ongs-e-governos.html. Acesso em: 30 maio 2020.

G1. GLOBO. Os Condenados da Lava Jato. Publicado em 21 de setembro de 2015. Atualizado em 07 de janeiro de 2019. Disponível em <https://especiais.g1.globo.com/politica/2015/lava-jato/condenados-da-lava-jato/>. Acesso em: 30 mai. 2020.

GRECO FILHO, Vicente; RASSI, João Daniel. O combate à corrupção e comentários à Lei de Responsabilidade de Pessoas Jurídicas (Lei n. 12.846 de 1º de agosto de 2013): atualizado de acordo com o Decreto n. 8.420, de 18 de março de 2015. São Paulo: Saraiva, 2015. p. 71.

HALLORAN, Richard. Scandal Costs Lockheed $ 1.3 Billion Sale to Japan. THE NEW YORK TIMES. 11 fev. 1976. Disponível em <https://www.nytimes.com/1976/02/11/archives/scandal-costs-lockheed-13-billion-sale-to-japan-scandal-costs.html> Acesso em: 26 mai. 2020.

HEINEN, Juliano. Comentários à Lei Anticorrupção: Lei n. 12.846/2013. Belo Horizonte: Fórum, 2015.

INSTITUTO BRASILEIRO DE GOVERNANCA CORPORATIVA – IBGC, Guia das Melhores Práticas para Organizações do Terceiro Setor: Associações e Fundações, 2013, São Paulo – Disponível em: <https://conhecimento.ibgc.org.br/Paginas/Publicacao.aspx?PubId=22111> Acesso em 01 jun. 2020

INTERNATIONAL ORGANISATION FOR STANDARDIZATION, ISO, Standards, Our Standards. Disponível em: <https://www.iso.org/standards.html>Acesso em: 01 jun. 2020

KEARNS, K.P. The Strategic management of accountability in nonprofit organizations: an analytical framework. Public Administration Revie, V. 54, n.2, p. 185-192, mar/apr 1994.

LEVITT, Theodore. The Third Sector: new tactics for a responsive Society. AMACOM (January, 1, 1973.)

MCKEEVER, Brice. National Center for Charitable Statistic. The Nonprofit Sector in Brief 2018. December, 3, 2018. Disponível em: <https://nccs.urban.org/publication/nonprofit-sector-brief-2018#the-nonprofit-sector-in-brief-2018-public-charites-giving-and-volunteering>. Acesso em: 20 mai. 2020.

MEIRELLES, Hely Lopes. Direito Administrativo Brasileiro. 35 ed. atual., São Paulo: Malheiros Editores, 2009.

NIELSEN, Waldemar A. The Endangered Sector. Columbia Univ Pr; 1st edition (November 1, 1979)

NOHARA, Irene Patricia, PEREIRA, Flavio de Leao Bastos. Governanca, Compliance e Cidadania. São Paulo, Thomsom Reuters Brasil. VARIOS AUTORES.

NOSSA CAUSA. Guia do MROSC – Para Organizações da Sociedade Civil e Prefeituras. Disponível em: <https://nossacausa.com/ebook-gratuito-guia-do-mrosc/>. Acesso em: 01 jun. 2020.

OSÓRIO, Fábio Medina. Direito administrativo sancionador. 1. ed. São Paulo: Revista dos Tribunais, 2000

PAES, José Eduardo Sabo. Fundações, associações e entidades de interesses social: Aspectos jurídicos, administrativos, contábeis e tributários, 7. ed. Rio de Janeiro: Editora Forense, 2010.

PAES, José Eduardo Sabo; GRAZZIOLI, Airton. Compliance no Terceiro Setor: Controle e Integridade nas Organizações da Sociedade Civil. 1. ed. São Paulo: Editora Elevação, 2018.

PAYTON, 1984 apud SILVA, Luíza Mônica Assis da. A filantropia empresarial: um estudo exploratório de algumas fundações metropolitanas de São Paulo. Brasília: Universidade de Brasília, 1996

PEREIRA, Luiz Carlos Bresser, SPINK, Peter Kevin. Reforma Do Estado e Administração Pública Gerencial. São Paulo, Editora FGV, 2015.

Portal da Transparência. Disponível em <http://www.portaltransparencia.gov.br/>. Acesso em: 30 mai. 2020

ROMA. Convenção Europeia dos Direitos do Homem. 4 de novembro de 1950. Disponível em: <https://www.echr.coe.int/Documents/Convention
_POR.pdf> Acesso em: 21 mai. 2020.

SANTOS, Antônio Silveira Ribeiro dos Santos. Reforma Administrativa e o Terceiro Setor. Disponível em: <www.aultimaarcadenoe.com>. Acesso em 21 mai. 2020.

SALOMON, Lester M., SOKOLOWSKI, Wojciech. The Third Sector Impact. TSI Working Paper No. 12: Size and scope of the third sector in Europe. 2016. Disponível em: <https://thirdsectorimpact.eu/documentation/tsi-working-paper-no-12-size-scope-third-sector-europe/>. Acesso em: 20 mai. 2020.

SELO DOAR, Criterios. Instituto Doar/Instituto Donar. Disponível em: <https://www.institutodoar.org/selo-doar/criterios/> Acesso em: 01 jun. 2020

SIMÃO, Calil. Fundações Governamentais. Revista dos Tribunais, São Paulo, 2014.

THE WASHINGTON POST. Watergate: The Unfinished Business. Washington, 1973. Disponível em: <https://www.washingtonpost.com/wp-srv/national/longterm/watergate/articles050173-2.htm>. Acesso em: 26 mai. 2020.

Transparecy International. About us. Disponível em: <https://www.transparency.org/en/about> Acesso em: 30 mai.2020

Transparency International. 8TH International Anti-Corruption Conference. Disponível em: < /8th_iacc_workshop_ngos_loosing_the_moral_high_ground-corruption_and_misrepresentation.pdf > Acesso em: 30 mai. 2020.

UNITED NATIONS: Global Pact, 10 principles. Disponível em < https://www.pactoglobal.org.br/10-principios >. Acesso em: 01 jun. 2020.

USA. Conferência Geral da Organização Internacional do Trabalho. 17 de junho de 1948. Disponível em: <https://www.ilo.org/brasilia/temas/normas/WCMS_239608/lang--pt/index.htm>. Acesso em 21 mai. 2020.

USA, Corruption. A glossary of International Criminal Standards. OECD. 2007 Disponível em <http://www.oecd.org/corruption/antibribery/39532693.pdf>. Acesso em: 26 mai. 2020.

USA, Organization of American States. 20 de dezembro de 1990. Disponível em: <encurtador.com.br/cklY1>. Acesso em: 21 de mai. 2020.

USA, Foreign Corrupt Practices Act. THE UNITED STATES DEPARTMENT OF JUSTICE, 1977. Disponível em: <https://www.justice.gov/criminal-fraud/foreign-corrupt--practices-act>. Acesso em: 26 mai. 2020.

USA, Public Law. Sarbarnes-Oxley Act. 30 jul. 2002. Disponível em: <https://www.govinfo.gov/content/pkg/PLAW-107publ204/pdf/PLAW-07publi204.pdf>. Acesso em 29 mai. 2020

UK. UK Bribery Act, 2010. Disponível em: <http://www.legislation.gov.uk/ukpga/2010/23/contents>. Acesso em: 29 mai. 2020.

VOLTOLINI, Ricardo (org.). Terceiro Setor: planejamento & Gestão. 2 ed., São Paulo: Editora Senac São Paulo, 2004.

WORLD BANK, Gross Domestic Product Ranking 2019, GDP. Disponível em: <https://databank.worldbank.org/data/download/GDP.pdf> Acesso em: 01 jun. 2020

ZEIDAN, R. Corrupção, Desenvolvimento Institucional e Crescimento de Longo Prazo. Revista dos Tribunais. São Paulo, v. 967/2016, mai. 2016.

ZITTEI, M. V. M.; Politelo, L.; Scarpin, J. E. "Nível de Evidenciação Contábil de Organizações do Terceiro Setor", in Administração Pública e Gestão Social, vol. 8, núm. 2, pp. 85-94. 2016

A Importância do *Compliance* na Prevenção ao *Insider Trading*

Rafael Clini Diana

Introdução

O presente trabalho demonstrará por meio de estudos de casos, fatos reais geradores da problemática, bem como por meio de estudo aprofundado da legislação e doutrina sobre a capacidade do *Compliance* em evitar a ocorrência da infração ilegal denominada *Insider Trading.* Além do mais, procurará demonstrar, de forma clara, as consequências desta prática e a possibilidade da aplicação das técnicas de *Compliance* evitar com que o *Insider* aconteça em uma instituição financeira, como por exemplo em um banco de investimentos.

Ademais, buscará demonstrar a necessidade de regulação do *Insider Trading* para garantir a confiança dos investidores e a estabilidade do mercado, o que será demonstrado no capítulo inicial do trabalho.

Divide-se em quatro principais tópicos, sendo eles: (i) *Insider Trading*, onde será abordado o conceito da prática do *Insider Trading* e o bem jurídico tutelado; (ii) da Responsabilidade Administrativa que, por sua vez, buscará demonstrar as implicações em que tal conduta gera perante aos órgãos reguladores; (iii) do Departamento de *Compliance,* no qual será abortado o conceito de *Compliance,* assim como o seu funcionamento; (iv) da Importância de um departamento chamado *Compliance* na prevenção ao *Insider Trading,* no qual será abordado as estratégias, condutas e abordagem de uma área dentro de uma instituição financeira para diminuir ao máximo a ocorrência da prática do *Insider Trading*; e (v) a Conclusão que será demonstrado as considerações finais deste artigo cientifico.

Assim, será concluído que existe uma possibilidade efetiva de se evitar o *Insider Trading* por meio de políticas internas editadas por um bom departamento de *Compliance*, assim como uma fiscalização efetiva, que visem, essencialmente, evitar qualquer descuido ou infração ilegal por parte dos funcionários de uma instituição.

Enfim, conclui-se que, em sua essência, como os controles internos de *Compliance* podem prevenir o crime de *Insider Trading* no âmbito de uma instituição financeira ou em uma empresa de capital aberto. Além do mais, demonstrar o quão é importante que esta área esteja em perfeito funcionamento para que um crime seja evitado, assim como suas implicações administrativas, quando crime praticado, perante aos órgãos reguladores.

1. *Insider trading*

1.1 O *insider trading* e o bem jurídico protegido

Inicialmente, antes mesmo de adentrarmos ao ponto principal deste artigo científico, é necessário explicar sobre a infração legal denominada de *Insider Trading*, uma, entre outras infrações legais que o *Compliance* pode evitar.

Em poucas palavras, *Insider Traing* significa o uso de informações privilegiadas e relevantes, que ainda não tornaram públicas, por meio do fato relevante (conforme veremos mais adiante), para benefício próprio ou para outrem mediante a negociação em nome próprio ou de terceiros, conforme podemos ver claramente descrito na lei que criou o órgão regulador da CVM, seu art. 27-D.

> "(...)Art. 27-D. Utilizar informação relevante de que tenha conhecimento, ainda não divulgada ao mercado, que seja capaz de propiciar, para si ou para outrem, vantagem indevida, mediante negociação, em nome próprio ou de terceiros, de valores mobiliários."[1]

[1] Lei n 6.385, de 7 de dezembro de 1976, Dispões sobre o mercado de valores mobiliários e cria a Comissão de Valores Mobiliários.

Além do mais, é importante abordar sobre qual o bem que é tutelado pela prática do *Insider Trading* que, por sua vez, encontra diversas opiniões diversas, vejamos a seguir. Para José Marcelo Proença, o bem jurídico tutelado é o bom funcionamento do mercado e, com opinião diversa, o bem jurídico tutelado para Catellar é a confiança dos investidores no mercado. Nesta linha, veremos que ambos os conceitos se relacionam e se complementam. Misturando as doutrinas, Bitencourt e Breda, aduzem que a regulação busca proteger

> "as relações de confiança, transparência e lealdade entre todos os participantes do mercado de capitais, espaço que deve se qualificar pela igualdade de oportunidades oferecida aos investidores."[2], bem como afirmam que o "funcionamento correto do mercado de capitais pressupõe a comunhão de informações relevantes sobre determinada companhia com todos os seus participantes, daí por que exigir de determinadas pessoas o máximo cuidado e diligência no tratamento desses dados, que podem ter potencial capacidade de influir sobre o processo de livre oferta e demanda de valores mobiliários."[3]

Pois bem, é de se verificar que a utilização de informações privilegiadas (*Insider*) traz desequilíbrio para o mercado de capitais, dado que os "*Insiders*" possuem informações que não são conhecidas pelos investidores comuns, causando uma certa vantagem perante os demais investidores "comuns".

Um exemplo ocorreu quando os "irmãos batistas" que, dias antes de ser publicada a declaração do, então atual a época, Presidente Michel Temer, fizeram uma operação de dólar contra real pois sabiam que tal declaração, se anunciada, traria instabilidade e incerteza ao mercado brasileiro fazendo com que a valorização do dólar perante o real fosse eminente. Episódio este conhecido popularmente como "Joesley Day" trouxe um inestimado prejuízo aos investidores comuns, diante disso foram denunciados pelo Ministério Público por praticar o crime de *Insider Trading*, conforme podemos conferir a ementa da decisão em que foi recebida a denúncia do MP.

2 BITENCOURT, Cezar Roberto; BREDA, Juliano. Crimes contra o Sistema Financeiro Nacional e contra o Mercado de Capitais. 2.ed. Rio de Janeiro: Lumen Juris, 2011, p. 382--382.

3 Ibid, p. 383.

> "(...) Diante do exposto, com fulcro nos artigos 41 e 395 do Código de Processo Penal, RECEBO A DENÚNCIA oferecida pelo Ministério Público Federal em face de JOESLEY MENDONÇA BATISTA, portador do RG n, e inscrito no CPF/NF sob o n, e WESLEY MENDONÇA BATISTA, portador do RG n, e inscrito no CPF/MF sob o n, por meio da qual se lhes imputa a **prática dos crimes estampados nos artigos 27-C e 27-D da Lei n 6.385/76**".[4] (Grifo nosso)

Além do mais, o funcionamento do mercado também ficaria comprometido, tendo em vista sesm que "O *Insider* desestabiliza o mercado, comprometendo-lhe, por conseguinte, a eficiência"[5]

Nesta esteira, entende-se que o bom funcionamento do mercado é "a transparência dos mercados de valores, a correta formação dos preços e a proteção dos investidores, quer dizer, a chave do bem jurídico gira ao redor de três elementos: a transparência, os preços e os investidores"[6]

Outrossim, Eizirik traz razões éticas e econômicas que justificam a repressão ao uso privilegiado de informações:

> "(...) As razões econômicas estão relacionadas ao conceito de eficiência na determinação de cotação dos valores mobiliários negociados no mercado de capitais. Considera-se que o mercado é eficiente quando os preços das ações refletem todas as informações sobre as emissoras e os títulos negociados; quanto mais rápida for a reação dos títulos às novas informações, em princípio, mais eficiente será o mercado. O ideal, pois, é que a cotação dos títulos reflita apenas todas as informações publicamente disponíveis, o que se busca alcançar mediante normas que estabeleçam a obrigação de divulgar todas as informações relevantes."[7]

[4] Integra da decisão em cede de Denúncia oferecida pelo MP https://www.conjur.com.br/dl/insider-trading-jbs.pdf.

[5] PROENÇA, José Marcelo Martins. Insider Trading – regime jurídico do uso de informações privilegiadas no mercado de capitais. São Paulo: Quartier Latin, 2005, p. 320.

[6] CASTELLAR, João Carlos. *Insider Trading* e os Novos Crimes Corporativos. Rio de Janeiro: Lumen Juris, 2008, p. 104.

[7] EIZIRIK, Nelson. Questões de Direito Societário e Mercado de Capitais. Rio de Janeiro. Forense. 1987, p. 63.

No entendimento de Eizirik, podemos concluir que o bem jurídico tutelado englobaria a estabilidade e eficiência do mercado de capitais por meio da transparência das informações, bem como a confiança do investidor ao aplicar seus recursos no mercado de capitais, ou seja, temos uma proteção ampla no sentido de que é importante termos a confiança do investidor e o bom funcionamento do mercado em sincronia, haja vista que o mercado de capitais não será eficiente, muito menos liquido (alto fluxo de capital) sem estes dois bens jurídicos.

Por outro lado, no entendimento de Castellar, podemos concluir que o bem jurídico objeto de tutela no delito de uso indevido de informação privilegiada estará na proteção da confiança, seja dos investidores ou empresas de capital aberto, que deve prevalecer dentro do mercado de capitais, dado que é este o bem que incentiva os investidores a aplicarem seus recursos neste mercado, e, concomitantemente, na sensação de proteção de patrimônio, bem como o de ganho de capital, no sentido de que, se concorrer com os "*Insiders*", estes correm o risco de sofrerem diminuição do seu patrimônio em virtude da desvantagem com que operam.

Diante do exposto, o presente trabalho partilha do entendimento de Eizirik, onde tanto a confiança quanto o bom funcionamento do mercado são tidos como bens jurídicos tutelados pela repressão ao *Insider Trading* e, com este entendimento, será abordado mais adiante como o *Compliance* pode prevenir a ocorrência de tal prática criminosa.

1.2 Sujeitos no *insider trading*

A Lei número 10.303/01, em sua redação de utilização de informação privilegiada, nos termos do art. 155, §4, determina que é vedada a utilização por qualquer pessoa de informação relevante ainda não divulgada com a finalidade de auferir vantagem. Em outras palavras, significa dizer que, nos termos da Lei, nenhuma pessoa, seja ela quem for ou que tenha a posição dentro da instituição que for, não tem o direito de utilizar informações privilegiadas em benefício próprio, utilizando do mercado de capitais, que é um instrumento idôneo de construção de patrimônio em benefício próprio.

Nesse sentido, pode se entender que o sujeito ativo no *Insider Trading* pode ser qualquer pessoa que possuir informação privilegiada e dela se aproveitar para obter vantagem no mercado seja para si ou para outrem. Além disso, a doutrina e a CVM adotam uma divisão entre os "*Insiders*", especialmente em razão da produção de provas, que será exemplificado adiante.

Divididos então em primários e secundários, conforme entendimento de Eizirik:

> (...) Os '*insiders* primários' ou 'institucionais' são aqueles que detêm acesso a informação privilegiada em razão de sua condição de acionistas controladores, pelo fato de ocuparem cargo de administração, ou ainda no exercício de uma função, mesmo pública, de uma profissão ou de um ofício, ainda que temporário, que lhes permita o acesso direto a uma informação privilegiada. São as pessoas que recebem, diretamente, a informação privilegiada de sua fonte e têm o conhecimento especializado suficiente para saber que tal informação é relevante.
>
> Já os '*insiders* secundários' (*tippees*) são aqueles que recebem a informação privilegiada, direta ou indiretamente dos '*insiders* primários' e não estão obrigados ao dever de sigilo e nem necessariamente sabem que se trata de uma informação privilegiada."[8]

Diante disso, entendemos por tratar sobre o "*Insider*" primário e secundário, vejamos mais adiante. Entende-se que o "*Insider*" Primário é o que está dentro da companhia e acompanha a operação, enquanto o Secundário seria o que recebe a dica do Primário, ou seja, o secundário depende do primário. Portanto, pode se considerar que esta diferença é fundamental e brutal, uma vez que a estrutura probatória é bastante diversa daquela aplicável aos chamados *Insiders* primários ou a eles equiparados.

Diante disso, verificamos que os "*Insiders* primários" são aqueles que possuem acesso a informação que pessoas comuns não detém em razão de sua condição de controladores, dado que ocupam cargo de administração ou ainda no exercício de uma função, podendo até ser pública, de uma profissão ou de um ofício, ainda que temporário, porém que permita o acesso direto a uma informação privilegiada, ou seja, são a pessoas que recebem diretamente a

[8] EIZIRIK, Nelson Laks; GAAL, Ariádna B.; PARENTE, Flávia; HENRIQUES, Marcus de Freitas. Mercado de Capitais – regime jurídico. 2. ed. (revisada e atualizada). Rio de Janeiro: Renovar, 2008, p. 545.

informação de sua fonte e tem o conhecimento especializado suficiente para saber utilizar desta informação e filtrar qual informação e relevante.

Já com relação aos administradores, a doutrina adotou uma presunção relativa não só de conhecimento da informação privilegiada por parte deles, mas também de que a negociação na pendência de uma informação privilegiada tinha por finalidade auferir vantagem com a negociação (Direito das Companhias, p.1155).

Ora, então podemos pensar que com relação aos "*Insiders*" primários, existe, na esfera do direito administrativo sancionador, uma presunção *juris tantum* de que, tendo em vista a posição que ocupam na companhia, eles detém a informação relevante e que, por essa razão, a eventual negociação com papeis de emissão da companhia em que se tem tal informação é irregular.

Contudo, com relação ao "*Insider*" secundário, não existe tal presunção, cabendo a CVM a produção de prova efetiva de que ele tinha conhecimento dos fatos não revelados ao mercado.

Conclui-se, portanto, que a divisão doutrinária e aceita pela CVM gera ao "*Insider*" primário uma presunção de culpa caso utilize da informação privilegiada para negociar em bolsa dado que está mais próximo à companhia, consequentemente, das informações, enquanto, para o "*Insider*" Secundário, seria necessária a comprovação probatória.[9]

Tem-se, nesse sentido, que se faz fundamental a referida diferença, sendo possível, assim, que qualquer pessoa seja um *Insider*, sendo necessário, contudo, observar em que classe este se enquadraria: sujeito primário ou secundário. Embora a responsabilização penal não seja objeto deste trabalho, é importante ressaltar que a sanção penal somente pode ser aplicada aos "*Insiders*" primários, tendo em vista que estão obrigados a guardar sigilo, nos termos da expressão constante do Artigo 27-D da L. 6385/76 "da qual deva manter sigilo".[10]

[9] Inquérito Administrativo 13/00, julgado em 2002 e Processo Sancionador nº 18/01 julgado em 2004)

[10] Art. 27-D. Utilizar informação relevante ainda não divulgada ao mercado, de que tenha conhecimento e da qual deva manter sigilo, capaz de propiciar, para si ou para outrem, vantagem indevida, mediante negociação, em nome próprio ou de terceiro, com valores mobiliários: Pena – reclusão, de 1 (um) a 5 (cinco) anos, e multa de até 3 (três) vezes o montante da vantagem ilícita obtida em decorrência do crime.

Já os "*Insiders*" secundários não podem ser penalmente responsáveis pelo *insider trading*, tendo em vista que não há nestes qualquer dever de sigilo. Assim sendo, esse tipo de *insider* poderá ser punido administrativamente pelo órgão regulatório da CVM, após o devido procedimento administrativo legal.

Como se não bastasse, vale observar que a Instrução da CVM 358 de 2002, em seu artigo 13, caput e §1º, veda a negociação com informação privilegiada por qualquer tipo de *Insider*, seja ele primário ou secundário. Ao contrário do que prevê o artigo 155, 4º, da LSA, a ICVM 358/02 não restringe o Sujeito Ativo às pessoas vinculadas à empresa, como se vê no § 1º do Artigo 13:

> "(...) Art. 13 – Antes da divulgação ao mercado de ato ou fato relevante ocorrido nos negócios da companhia, é vedada a negociação com valores mobiliários de sua emissão, ou a eles referenciados, pela própria companhia aberta, pelos acionistas controladores, diretos ou indiretos, diretores, membros do conselho de administração, do conselho fiscal e de quaisquer órgãos com funções técnicas ou consultivas, criados por disposição estatutária, ou por quem quer que, em virtude de seu cargo, função ou posição na companhia aberta, sua controladora, suas controladas ou coligadas, tenha conhecimento da informação relativa ao ato ou fato relevante.
>
> § 1º A mesma vedação aplica-se a quem quer que tenha conhecimento de informação referente a ato ou fato relevante, sabendo que se trata de informação ainda não divulgada ao mercado, em especial àqueles que tenham relação comercial, profissional ou de confiança com a companhia, tais como auditores independentes, analistas de valores mobiliários, consultores e instituições integrantes do sistema de distribuição, aos quais compete verificar a respeito da divulgação da informação antes de negociar com valores mobiliários de emissão da companhia ou a eles referenciados."

Não obstante, vale a defesa do argumento de que o sujeito passivo do *Insider Trading* é a União Federal, na medida em que se envolve interesse coletivo e a credibilidade do mercado de capitais, não se limitando aos investidores comuns. Neste tocante, entende também Bitencourt: "O ofendido imediato é, então, o Estado, pois, como já se afirmou, a credibilidade, transparência e regularidade do funcionamento do mercado de capitais são interesses que transcendem a mera expectativa dos agentes financeiros envolvidos."[11]

[11] BITENCOURT, Cezar Roberto; BREDA, Juliano. Crimes contra o Sistema Financeiro Nacional e contra o Mercado de Capitais. 2.ed. Rio de Janeiro: Lumen Juris, 2011, p. 386.

Diante do exposto neste capítulo, temos então a definição clara dos sujeitos pertencentes ao fato gerador do *Insider Trading*.

1.3 Conceito de informação relevante

A Lei das Sociedades Anônimas, em seu artigo 155, §1º, define como relevante a informação capaz de influir, de modo ponderável, na cotação dos valores mobiliários, causando a sua alta ou queda. Nessa linha, a ICVM 358/01 amplia o conceito em seu Artigo 2º, afirmando que informação relevante seria qualquer decisão de acionista controlador, deliberação da assembleia geral ou dos órgãos de administração da companhia aberta, ou qualquer outro ato ou fato de caráter político-administrativo, técnico, negocial ou econômico-financeiro ocorrido ou relacionado aos seus negócios que possa influir de modo ponderável:

a) na cotação dos valores mobiliários de emissão da companhia aberta ou a eles referenciados;
b) na decisão dos investidores de comprar, vender ou manter aqueles valores mobiliários;
c) na decisão dos investidores de exercer quaisquer direitos inerentes à condição de titular de valores mobiliários emitidos pela companhia ou a eles referenciados.

Por conseguinte, a ICVM traz um rol exemplificativo no parágrafo único do referido artigo. Deste rol destaca-se como exemplo de informação relevante:

a) assinatura de acordo ou contrato de transferência do controle acionário da companhia, ainda que sob condição suspensiva ou resolutiva;
b) mudança no controle da companhia, inclusive através de celebração, alteração ou rescisão de acordo de acionistas;
c) decisão de promover o cancelamento de registro da companhia aberta;
d) incorporação, fusão ou cisão envolvendo a companhia ou empresas ligadas;
e) transformação ou dissolução da companhia;
f) aprovação de plano de outorga de opção de compra de ações;

g) lucro ou prejuízo da companhia e a atribuição de proventos em dinheiro;
h) celebração ou extinção de contrato, ou o insucesso na sua realização, quando a expectativa de concretização for de conhecimento público;
i) início, retomada ou paralisação da fabricação ou comercialização de produto ou da prestação de serviço;
j) modificação de projeções divulgadas pela companhia.

Nesse sentido, pode se concluir, portanto, que entende-se por informação relevante como aquela capaz de atrair ou afastar investidores de determinado papel, na sentido em que esta poderia influenciar sensivelmente a cotação do ativo, dado que o fluxo de compradores ou vendedores influencia e muito as cotações de um ativo na bolsa de valores.

1.4 Conceito de fato relevante

Pode se dizer que a divulgação de Fato Relevante ao mercado é a tradução do dever de informar segundo o direito brasileiro e direito americano.

A ICVM 358, em seu artigo 2º, trazendo mais força a redação dos artigos 155, §1º[15], e 157, § 4º[16], da Lei 6.404/76, e também à do artigo 27-D, da L. 6385/76, diz que:

> "(...) Art. 2º – Considera-se relevante, para os efeitos desta Instrução, qualquer decisão de acionista controlador, deliberação da assembleia geral ou dos órgãos de administração da companhia aberta, ou qualquer outro ato ou fato de caráter político-administrativo, técnico, negocial ou econômico-financeiro ocorrido ou relacionado aos seus negócios que possa influir de modo ponderável:
> I – na cotação dos valores mobiliários de emissão da companhia aberta ou a eles referenciados;
> II – na decisão dos investidores de comprar, vender ou manter aqueles valores mobiliários;
> III – na decisão dos investidores de exercer quaisquer direitos inerentes à condição de titular de valores mobiliários emitidos pela companhia ou a eles referenciados.

O artigo prossegue, em seu parágrafo único, citando 22 (vinte e dois) exemplos do que se poderia, potencialmente, configurar fato relevante, que, necessariamente deve ser divulgado ao público. A divulgação deve ser sempre feita de modo claro e preciso, em linguagem acessível ao público investidor (art. 2º, § 5º, ICVM 358/01), em jornal de grande circulação (art. 2º, § 4º, ICVM 358/01), podendo a CVM alterar, aditar e exigir a republicação do fato relevante (art. 2º, § 6º, ICVM 358/01).

Ademais, a CVM pode exigir do Diretor de Relações com Investidores (diretor responsável pela divulgação do fato relevante, nos termos da ICVM 358/01) esclarecimentos adicionais à comunicação e à divulgação de ato ou fato relevante (artigo 4º, ICVM 358/01), bem como a respeito de oscilação na cotação de determinado valor mobiliário, derivado de compra ou venda exagerada do mesmo, com vistas a identificar possíveis fatos relevantes que deveriam ter sido divulgados, mas não foram (art. 4º, parágrafo único, ICVM 358/01).

Nesse sentido, caso observemos o Caso Gerador, será possível verificar que a Empresa X divulgou fato relevante. Além disso, a CVM apurou as negociações atípicas com as ações da Empresa X, por meio de ofício ao seu Diretor de Relações com Investidores e à Bolsa de Valores, que proveram à CVM diversas informações decisivas para a condenação do Sr. Marlom.

No tocante ao momento da divulgação do fato relevante, a CVM recomenda que seja após o fechamento do horário de negociação da bolsa, conforme se depreende do artigo 5º e seus parágrafos, da ICVM 358/01, para que não haja oscilação imediata e brusca na cotação.

1.5 Das exceções à imediata divulgação

A ICVM 358/01 prevê, no artigo 6º, a possibilidade de ato ou fato relevante não ser divulgado caso sua revelação coloque em risco interesse legítimo da companhia.

Todavia, o parágrafo único restringe essa hipótese, exigindo a divulgação do fato caso a informação vaze ou haja oscilação atípica na cotação do papel.

A CVM pode, por iniciativa própria ou inquirida pelos acionistas, decidir se o fato relevante deve ou não ser divulgado, podendo haver responsabilização dos administradores caso o fato justificador não coloque em risco interesse legítimo da companhia (art. 7º e §§, ICVM 358).

2. Da responsabilidade administrativa

Pois bem, vejamos neste momento as consequências da prática da infração legal elucidada acima diante da esfera administrativa,

Para a CVM, mais precisamente por meio da Instrução 358/01, artigo 13, qualquer pessoa que utilize de informações privilegiadas para negociar valores mobiliários na bolsa de valores está sujeita a punição administrativa, o que nçao ocorre nas esferas penais e cíveis, conforme podemos ver o entendimento de EIZIRIK: "Na esfera do direito administrativo sancionador, nos termos do artigo 13 da ICVM nº 358, podem ser punidos não somente aqueles que, em virtude de cargo ou posição, tenham acesso à informação privilegiada, como também qualquer pessoa que tenha conhecimento da informação, sabendo que é privilegiada".[12]

Nesse sentido, é importante dizer que o exame e produção de provas em um processo administrativo levará em consideração a distinção feita ao início deste trabalho, entre "*Insiders*" Primário e Secundário, como colocado por EIZIRIK:

> Com relação aos "*Insiders* primários", existe, na esfera do direito administrativo sancionador, uma presunção juris tantum de que, tendo em vista a posição que ocupam na companhia, eles detêm a informação relevante e que, por essa razão, a eventual negociação com papéis de emissão da companhia emissão é irregular. Contudo, com relação ao "*Insider* secundário", não existe tal presunção, cabendo à CVM a produção de prova efetiva de que ele tinha conhecimento de fatos não revelados ao mercado.[13]

Dando mais respaldo, CVM também adota essa divisão, como é visto nos autos do Inquérito Administrativo 13/00, julgado em 2002 e Processo

[12] EIZIRIK, Nelson Laks; GAAL, Ariádna B.; PARENTE, Flávia; HENRIQUES, Marcus de Freitas. Mercado de Capitais – regime jurídico. 2. ed. (revisada e atualizada). Rio de Janeiro: Renovar, 2008, p. 563.

[13] Ibid, p. 564

Sancionador nº 18/01, julgado em 2004. Temos, assim, que sujeito ativo pode ser qualquer pessoa que se utilize da informação, ou passe ela adiante, como é no caso do administrador de companhia aberta: "(...) Porém, o *Insider* administrador de companhia aberta, caso passe a terceiros informações confidenciais, pode ser punido administrativamente, por infração ao dever de lealdade, previsto no artigo 155 da Lei das S/A."[14]

Nos termos do artigo 9º, V e VI, da Lei 6.385/76, cabe à CVM a competência de instaurar processo administrativo em face dos "*Insiders*".

Assim, a CVM poderá instaurar um inquérito administrativo para apurar eventuais atos ilegais e práticas não equitativas de membros dos órgãos da companhia, podendo aplicar as penalidades previstas no Artigo 11 da L. 6.385/76, sendo certo que as responsabilidades civil ou penal não serão extintas em virtude do julgamento na esfera administrativa.

Nesse sentido, a CVM exerce uma das atribuições dadas a esta autarquia pela L. 6.385/76, qual seja, proteger os titulares de valores mobiliários e os investidores do mercado contra o uso de informação relevante não divulgada no mercado de valores mobiliários.

Nesse sentido, entende-se que a CVM é o sujeito passivo de tal prática, sendo sua função apurar administrativamente o ato ilícito, podendo inclusive buscar indenizações afim de ressarcir investidores lesados, conforme podemos ver o brilhantismo de Carvalhosa em sua citação abaixo:

> "(...) muito embora tenha a Comissão de Valores Mobiliários competência para apurar, mediante inquérito administrativo, atos ilegais e práticas não equitativas dos administradores de companhias abertas, não lhe outorga a lei legitimidade ativa para promover as medidas judiciais para responsabilizar civilmente os administradores. Fica, assim, a agência governamental restrita ao âmbito das sanções de natureza administrativa e representação penal. Não adotou, portanto, a sistemática brasileira, o regime norte americano que confere à *Securities and Exchange Commission* legitimidade para propor ações civis contra os administradores."[15]

[14] EIZIRIK, Nelson Laks; GAAL, Ariádna B.; PARENTE, Flávia; HENRIQUES, Marcus de Freitas. Mercado de Capitais – regime jurídico. 2. ed. (revisada e atualizada). Rio de Janeiro: Renovar, 2008, p. 564.

[15] CARVALHOSA, Modesto. Comentário à Lei das Sociedades Anônimas. 4. ed. São Paulo. Saraiva, 2009. vol. 3, p. 314, p. 348.

2.1 Penalidades administrativas

Conforme disposto no art. 11 da lei 6.385/76, a CVM poderá impor aos *Insiders* diversas penalidades, dentre as quais se destacam a advertência, a multa e a suspensão do *Insider* para o exercício de cargos, atividades ou operações, conforme for aplicável.

> A multa não excederá o maior destes valores:
> I – R$ 500.000,00 (quinhentos mil reais);
> II – cinquenta por cento do valor da emissão ou operação irregular; ou
> III – três vezes o montante da vantagem econômica obtida ou da perda evitada em decorrência do ilícito.
> Nos casos de reincidência poderão ser aplicadas, alternativamente, multa de até o triplo dos valores fixados.

Conforme disposto no Artigo 11, algumas penalidades previstas na L. 6.385/76 somente serão aplicadas nos casos de infração grave, como definida pela CVM. Há, ainda, a possibilidade de ser celebrado um Termo de Compromisso. Assim, a CVM poderá, a seu exclusivo critério, se o interesse público permitir, suspender, em qualquer fase, o procedimento administrativo instaurado para a apuração de eventuais atos ilegais, se o investigado ou acusado assinar termo de compromisso, obrigando-se a:

> I – cessar a prática de atividades ou atos considerados ilícitos pela Comissão de Valores Mobiliários; e
> II – corrigir as irregularidades apontadas, inclusive indenizando os prejuízos.

É importantíssimo frisar que a assinatura do Termo de Compromisso não importará confissão quanto à matéria de fato, nem reconhecimento de ilicitude da conduta analisada. Não cumpridas as obrigações instituídas pelo Termo de Compromisso dentro do prazo, a Comissão de Valores Mobiliários dará continuidade ao procedimento administrativo, que anteriormente estava suspenso, com vistas à aplicação das penalidades cabíveis.

Pelo todo o exposto, é inegável que a instituição deve criar mecanismos de controle do fluxo de informação dentro da empresa, com vistas a evitar brechas para a prática de atos fraudulentos e contra o mercado de capitais, bem como a ocorrência de instauração de processos administrativos pela CVM. É diante de tudo isso que nasce o departamento de *Compliance*.

3. Do departamento de *compliance*

Atualmente é cada vez mais comum ouvirmos falar sobre *Compliance*, ainda mais após diversos e notórios escândalos de corrupção virem à tona, mas o que, de fato, significa *Compliance* e quais as suas funções?

De forma clara e sucinta, o *Compliance*, segundo a Obra "*Compliance 360º*" consiste em "uma ferramenta utilizada pelas instituições para nortear a condução dos próprios negócios, proteger os interesses de seus clientes e salvaguardar o seu bem mais precioso: a reputação."[16], assim como é um "conjunto de regras, padrões, procedimentos éticos e legais, que, uma vez definido e implantado, será a linha mestra que orientará o comportamento da instituição no mercado em que atua, bem como as atitudes de seus funcionários; um instrumento capaz de controlar o risco de imagem e o risco legal, os chamados 'riscos de *Compliance*', a que se sujeitam as instituições no curso de suas atividades."[17]

Vejamos o conceito pelo entendimento de Coimbra:

> "origina-se do verbo inglês *to comply*, que significa cumprir, executar, obedecer, observar, satisfazer o que lhe foi imposto. *Compliance* é o dever de cumprir, de estar em conformidade e fazer cumprir leis, diretrizes, regulamentos internos e externos, buscando mitigar o risco atrelado à reputação e o risco legal ou regulatório."[18]

Nesse sentido, entende-se que o *Compliance* é fazer com que a instituição esteja em conformidade com as Leis vigentes, políticas internas da companhia

16 CANDELORO, Ana Paula; RIZZO, Maria Balbina Martins; PINHO, Vinícius. **Compliance 360º, Riscos, estratégias, conflitos e vaidades no mundo corporativo**. São Paulo: Trevisan, 2012, p. 30;

17 Ibid.

18 COIMBRA, Marcelo de Aguiar; MANZI, Vanessa Alessi. **Manual de Compliance – Preservando a boa governança e a integridade das organizações**. São Paulo: Atlas, 2011, p. 2.

e também pode ser entendido como uma forma de padronizar os atos internos de uma instituição, assim como definir processos e modos de agir em determinadas situações.

Muitas pessoas podem ainda confundir a função do *Compliance* com a do departamento Jurídico, pois ambas são dotadas de formalidades em suas funções, todavia, o *Compliance* faz políticas internas editadas a partir de leis, regulamentos, instruções ou tratados, e observa o seu cumprimento adequado, enquanto, por outro lado, o jurídico, busca brechas ou formas de se utilizar a lei para consecução de determinado negócio, em outras palavras, o jurídico é quem torna possível uma operação estruturada pela área de produtos, fazendo com que ela esteja de acordo com a legislação vigente, estruturando documentos que possua alicerce legal, dando assim a segurança necessária para que uma determinada operação possa seguir em frente ou não.

Além destas diferenças, pode se dizer que o *Compliance* exerce um poder legislativo e executivo dentro da empresa, pois é ele que edita as normas internas com base na legislação vigente, bem como é ele que fiscaliza a conduta dos funcionários.

Por outra lado, o *Compliance*, além de exercer funções relativas ao *Insider Trading*, exerce funções relativas as políticas de confidencialidade interna e externa, lavagem de dinheiro, práticas anti-financiamento ao terrorismo, por meio da Lei 12.846 de 2013 – Lei da Empresa Limpa e por meio do decreto complementar 8.420 de 2015, prevenção do risco de imagem, além de temas relacionados a Corrupção, assim como a Governança Corporativa, ou seja, é um departamento com inúmeras funções importantíssimas e indispensáveis para qualquer instituição, em outras palavras, é o departamento que faz com que uma empresa "ande nos trilhos".

Diante do exposto, vejamos agora como este departamento funciona na prática, assim como ele pode, de fato, evitar com que a prática ilegal de *Insider Trading* ocorra.

4. Da importância do *compliance* na prevenção do *insider trading* e como isso ocorre na prática

Diante de todo o exposto até então e após abordados todos os conceitos para o entendimento do que seria a prática do *Insider Trading* e conceitos do que seria *Compliance*, assim como o entendimento dos conceitos técnicos e específicos do mercado de capitais, defenderemos a partir de agora, no presente trabalho, a real importância em se possuir um departamento de *Compliance* bem estruturado para a prevenção de tal prática e como este departamento deverá se comportar a fim de tirar a máxima prevenção de cada caso.

Nesta esteira, vejamos mais adiante algumas ferramentas de *Compliance* utilizadas para trazer controle e segurança à vida de uma Instituição.

4.1. Segregação física de atividades – *Chinese Wall*

Basicamente, *Chinese Wall* é um conceito de segregação de atividades dentro de uma instituição, onde colaboradores de áreas conflitantes não podem ter contato no ambiente de trabalho, ou seja, não podem trocar informações e, muito menos, saber o que ocorre em determinada área, como por exemplo: a área de estruturação de *Investment Banking* (estruturação de operações de *M&A*) não pode se comunicar com a área comercial, dado que a área comercial poderia vazar alguma informação a clientes e neste sentido, ocasionar um *Insider Trading* na modalidade sujeito passivo, conforme vimos anteriormente.

Esta divisão é percebida claramente dentro das instituições financeiras onde as áreas são separadas por "aquários", ou melhor, uma parede de vidro antirruído.

Nesta esteira, é importante ressaltar que a Segregação de Atividades, cujo nome em inglês é *Chinese Wall*, foi copiada do Direito Americano, conforme elucubrado por José Marcelo Martins Proença:

> "(...) Já no ano de 1988, entrou em vigor o *Insider Trading and Securities Fraud Enforcement Act* (ITSFEA), como reforço dirigido à prevenção de *insider trading* e de outras fraudes, exigindo que consultores financeiros, corretores e distribuidores de valor mobiliários mantivessem e reforçassem, por escrito, políticas e procedimentos de ética, no sentido de evitar o mau uso de informações privilegiadas, com o nítido intuito de impor separações claras entre

os diversos departamentos de uma instituição financeira, procurando obstar que informações sigilosas, envolvidas em um determinado negócio, vazassem para outras áreas da instituição, a exemplo de áreas de pesquisa da corretora e do banco de investimento (erguia-se o *chinese wall*)."[19]

Além do mais, tal assunto é regulada pela ICVM 306/99 em seu artigo 15, que menciona o conceito de "*Chinese Wall*", vejamos:

> "Art. 15. Na administração de carteira de valores mobiliários deve ser assegurada a completa segregação das demais atividades exercidas pela pessoa jurídica, devendo ser adotados procedimentos operacionais, dentre outros, objetivando:
>
> I – a segregação física de instalações entre áreas responsáveis por diferentes atividades prestadas relativas ao mercado de capitais, ou definição clara e precisa de práticas que assegurem o bom uso de instalações, equipamentos e arquivos comuns a mais de um setor da empresa;
>
> II – a preservação de informações confidenciais por todos os seus administradores, colaboradores e funcionários, proibindo a transferência de tais informações a pessoas não habilitadas ou que possam vir a utilizá-las indevidamente, em processo de decisão de investimento, próprio ou de terceiros;
>
> III – a implantação e manutenção de programa de treinamento de administradores, colaboradores e funcionários que tenham acesso a informações confidenciais e/ou participem de processo de decisão de investimento;
>
> IV – o acesso restrito a arquivos, bem como à adoção de controles que restrinjam e permitam identificar as pessoas que tenham acesso às informações confidenciais; e
>
> V – o estabelecimento de políticas relacionadas à compra e venda de valores mobiliários por parte de funcionários, diretores e administradores da entidade."[20]

O artigo em questão é notavelmente aplicável a uma instituição econômica financeira que desempenhe diversas funções financeiras no mercado, como a

[19] PROENÇA, José Marcelo Martins. ***Insider Trading*** – regime jurídico do uso de informações privilegiadas no mercado de capitais. São Paulo: Quartier Latin, 2005, p. 235.

[20] INSTRUÇÃO CVM No 306, DE 5 DE MAIO DE 1999. Dispõe sobre a administração de carteira de valores mobiliários e revoga as Instruções CVM nos 82, de 19 de setembro de 1988; 94, de 4 de janeiro de 1989 e 231, de 16 de janeiro de 1995.

intermediação de negócios financeiros, a corretagem de valores, a gestão de investimentos e a estruturação de operações de *M&A*.

Uma instituição que ofereça tais serviços é obrigada possuir uma separação física entre as áreas conflitantes, de modo a evitar que haja um fluxo de informações entre áreas.

Sabemos que fluxo de informações, muitas vezes, não parece ser prejudicial ou no mínimo parece ser inocente, porém, em meio a tantas informações, é possível que alguma informação seja privilegiada e possa ser usada em proveito próprio. Portanto, as instituições adotam o princípio chamado "*need to know basis*" determinando, basicamente, que a informação seja revelada na exata medida necessária à uma determinada pessoa ou departamento dentro de uma instituição, em razão de um trabalho, operação ou negociação que a mesma esteja envolvida.

Além das instituições financeiras, que possuam os serviços mencionados acima, uma empresa de capital aberto também está sujeita ao "*Chinese Wall*" e a regulação da CVM, sendo também obrigadas a seguirem tais procedimentos, vidando o controle do fluxo de informação.

4.2. Política de barreira de informações e *wall crossing*

Após visto o conceito chamado de *Chinese Wall*, vejamos a definição de Política de Barreira de Informações e *wall crossing*.

Resumidamente, a Política de Barreira de Informações é de impedir o fluxo de informações privilegiadas dentro de uma instituição e, diante disso, evitar fraudes, estipulando distinção a determinados funcionários.

Visto isso, conforme obra "*Compiance* 360" enxergamos a possibilidade de três distinção a um funcionário:

> "1. Funcionário incluído em uma barreira (*Insider*) – os funcionários com esse status integram uma ***área privada*** e estão protegidos por uma barreira que impede a transmissão de informações privilegiadas fora da barreira. (grifo nosso)
> 2. Funcionário acima de uma barreira (*above the wall*) – os funcionários com esse status geralmente são executivos seniores das instituições e, pela natureza de suas funções, precisam ter acesso a informações protegidas por barreiras da informação, além do natural contato com as informações de

> domínio público. São funcionários que podem e devem enxergar e transitar pelos dois lados da barreira para a boa execução de suas tarefas, como *Compliance*, Auditoria, Jurídico e executivos do alto escalão do grupo institucional.
> 3. Funcionário que atravessa uma barreira (*crossing the wall*) – os funcionários com esse status são aqueles de ***áreas públicas*** que, em situações pontuais, são destacados para assessorar áreas privadas, protegidas por uma barreira da informação. (grifo nosso)
> Nesses casos o funcionário é transferido temporariamente para a área privada por meio de um procedimento específico denominado wall crossing, sendo-lhe concedido o status de funcionário de área privada pelo tempo em que durar a sua assessoria. Esse procedimento de transferência deve ser monitorado, pois o funcionário terá acesso a informações que não poderá utilizar quando voltar a sua área de origem".[21]

Diante disso, entende-se que existe a área pública e a área privada, criada pela política de barreira de informações, que ficam completamente divididos e ainda a área que fica acima do muro, como, por exemplo, o departamento jurídico e o *compliance*, bem como a diretoria da instituição. Entende-se que a área pública é responsável pelo suporte e pelas demandas mais administrativas, assim como a área privada entende-se pela área de negociação. Nesse sentido, dado que a área pública é uma área de apoio à área privada, ela poderá fornecer informações livremente à área privada.

Por outro lado, a área privada não pode, em hipótese alguma, tendo em vista a barreira que lhe é imposta, compartilhar informações com a área pública. Portanto, entende-se que o grupo com acesso ilimitado às informações privilegiadas é enxuto, haja vista que grande parte da empresa trabalha nas áreas públicas. Dessa forma é possível realizar controle de informações de uma forma mais intensa e com maior proximidade, sendo, muitas vezes, necessário isolar os colaboradores da área privada.

Com base no conceito de *Wall Crossing*, entende-se que este possui um certo risco, dado que é o momento do colaborador que estava em um lado, se dirigir para outro lado e, neste momento, entra em cena mais uma vez o

[21] CANDELORO, Ana Paula; RIZZO, Maria Balbina Martins; PINHO, Vinícius. Compliance 360º, Riscos, estratégias, conflitos e vaidades no mundo corporativo. São Paulo: Trevisan, 2012, p. 98.

Compliance. Pensando nisso, foi criado um "Grupo" chamado de "*Control Room*" com o objetivo de avaliar e monitorar o *wall crossing* dentro da instituição.

A partir da ida do colaborador para a área privada, por exemplo, de um funcionário do Back Office para a área de *Investiment Banking*, o *Control Room* deve monitorar o funcionário até que ele retorne a sua área de origem.

4.3. Política de investimentos pessoais

Geralmente os funcionários de instituições financeiras possuem investimentos pessoais dos mais diversos tipos de valores mobiliários, sendo eles: ações, fundos imobiliários, títulos de capitalização, dívidas públicas ou privadas, debentures e etc.

Nesse sentido, se percebe a necessidade de se criar uma política que auxilie o monitoramento dos investimentos pessoais dos funcionários afim de que seja evitada qualquer fraude ou prática de *Insider Trading.* Tal política se aplica apenas aos investimentos dos funcionários em valores mobiliários de companhias listadas na Bolsa de Valores.

Primeiramente, para que se tenha o controle dos investimentos de funcionários, tais investimentos deverão ser realizados por meio da própria plataforma da instituição financeira em que o colaborador trabalhe, por exemplo, se o colaborador trabalhar no Credit Suisse, ele só poderá comprar e vender valores mobiliários por meio da plataforma do Credit Suisse. Além do mais, será necessário que o colaborador forneça nome completo e dados de seus pais, avós, filhos e irmãos, ou seja, o controle também abrangerá os parentes do colaborador, sendo chamado de partes relacionadas.

Adicionalmente, quando o colaborador quiser comprar ou vender um ativo ele deverá encaminhar um solicitação à área de investimentos pessoais, que é um braço da área de *Compliance*, que então analisará a solicitação e responderá se o colaborador está autorizado ou não a fazer tal operação. Nesta esteira, podemos verificar o entendimento abaixo:

> As opções de investimento são previamente comunicadas aos funcionários, por meio de política própria, bem como em quais corretoras ele poderá abrir sua conta e operar – normalmente na corretora da própria instituição ou então em outras, chamadas *designated broker dealers,* com as quais a instituição

mantenha uma parceria (em que a corretora, previamente autorizada pelo funcionário, encaminha periodicamente à instituição as cópias das notas de corretagem e extratos mensais).[22]

Após operação do colaborador, devidamente autorizado pelo *Compliance*, o colaborador deverá respeitar o chamado *Holding Period*, ou seja, período de carregamento de um ativo que pode variar de instituição para instituição, podendo ser de 30 a 60 dias. O *Holding Period* evita as operações de *Day Trade* e operações envolvendo informações privilegiadas que geralmente se valorizam em um curto período de tempo. Além do exposto acima, o *Compliance* também verificará se o valor mobiliário que o colaborador quer operar está relacionado nas listas restritas, sendo assim outra ferramenta de se evitar o *insider trading*.

4.4. Das listas

4.4.1. *Watch list*

A áreas que originam as operações ou negócios, conforme visto anteriormente como área privada, se reúnem com o jurídico para que seja estruturada determinada operação, assim como os documentos da operação. Nesta etapa, quando ainda não há nenhuma documento assinado e sim, apenas, e expectativa da assinatura, a operação será listada em uma lista chamada de *Watch List*. Outra hipótese em que uma possível operação entrará nesta lista é quando há um acordo de confidencialidade entre as partes, ou seja, gerando vinculo de uma possível operação futura. O significado desta lista é o de monitorar a empresa envolvidas em possível operação com a instituição financeira, sem estabelecer restrições.

4.4.2. *Restricted list*

O objetivo da *Restricted lista*, ou Lista Restrita é o de restringir e limitar a negociação da ação referente a empresa na bolsa de valores entre os colaboradores

22 CANDELORO, Ana Paula; RIZZO, Maria Balbina Martins; PINHO, Vinícius. **Compliance 360º, Riscos, estratégias, conflitos e vaidades no mundo corporativo.** São Paulo: Trevisan, 2012, 110-111.

da Instituição financeira envolvida na operação. Diferentemente da *Watch* List, a listagem de uma empresa na Lista Restrita ocorre apenas quando os documentos vinculantes são devidamente assinados.

Diante disso, é iniciado o trabalho, seja de um IPO (Oferta Pública de Ações), estruturação ou modificação societária (M&A) e etc. Assim como a *Watch List*, a Lista Restrita tem o objetivo de evitar a utilização de informação privilegiada para eventual operações com valores mobiliários. Porém, como sua principal diferença, na *Watch list*, há a expectativa da operação, enquanto na Lista Restrita há a vinculação das partes na operação, torando-a concreta.

Conclusões

O presente trabalho, buscou demonstrar de forma clara e objetiva as consequências do *Insider Trading*, bem como a possibilidade do *Compliance* evitar que o mesmo ocorra. Ademais, o presente trabalho defendeu a necessidade e importância do *Compliance* para aumentar a confiança dos investidores, assim como aumentar a estabilidade do mercado.

Destarte, o presente trabalho buscou defender de forma objetiva que o mercado e as empresas dependem do departamento de *Compliance* pois na sua ausência as práticas do *Insider Trading* seriam, de certa forma, facilitada, o que fragilizaria o sistema e o mercado de capitais como um todo, ressaltando ainda mais a importância de um departamento maduro de *Compliance*. No mais, buscou indicar que existe a possibilidade efetiva de um departamento com processos bem alinhados de evitar condutas ilegais que, eventualmente, possam trazer prejuízos para o mercado financeiro com um todo.

Referências

ADAMEK, Marcelo Vieira Von. *Responsabilidade Civil dos Administradores de S/A e as ações correlatas*. São Paulo: Saraiva, 2009.

BITENCOURT, Cezar Roberto; BREDA, Juliano. *Crimes contra o Sistema Financeiro Nacional e contra o Mercado de Capitais*. 2.ed. Rio de Janeiro: Lumen Juris, 2011.

CAMPOS, Coaduna Luiz Antônio de Sampaio. *Direito das Companhias*. p. 1143.

CANDELORO, Ana Paula; RIZZO, Maria Balbina Martins; PINHO, Vinícius. *Compliance 360º, Riscos, estratégias, conflitos e vaidades no mundo corporativo*. São Paulo: Trevisan, 2012.

CARVALHOSA, Modesto. *Comentário à Lei das Sociedades Anônimas*. 4. ed. São Paulo. Saraiva, 2009.

CASTELLAR, João Carlos. *Insider Trading e os Novos Crimes Corporativos*. Rio de Janeiro: Lumen Juris, 2008.

COELHO, Fabio Ulhoa. *Manual de Direito Comercial*. 14.ed. São Paulo: Saraiva, 2003.

COIMBRA, Marcelo de Aguiar; MANZI, Vanessa Alessi. *Manual de Compliance – Preservando a boa governança e a integridade das organizações*. São Paulo: Atlas, 2011.

EIZIRIK, Nelson Laks. *Insider Trading e a responsabilidade de administrador da companhia aberta*. São Paulo: Revista de Direito Mercantil, nº 50, ano XXII, abr-jun 1983.

GONZALES CUSSAC, J. *El abuso de información privilegiada*. Madrid: Cuadernos de Política Criminal, nº 37, 1989, p. 145.

LAMY FILHO, Alfredo; PEDREIRA, José Luiz Bulhões. *Direito das Companhias*. Rio de Janeiro: Forense, 2009.

MUSSNICH, Francisco Antunes Maciel. *A utilização desleal de informações privilegiadas – Insider trading – no Brasil e nos Estados Unidos*. Revista de Direito Mercantil. São Paulo: nº 34, ano XVIII, abr.-jun. 1979.

PARENTE, Norma. *Aspectos Jurídicos do "Insider Trading"*. CVM. Superintendência Jurídica, Junho de 1978.

PROENÇA, José Marcelo Martins. *Insider Trading – regime jurídico do uso de informações privilegiadas no mercado de capitais*. São Paulo: Quartier Latin, 2005.